잘팔리는
부동산은
따로
있다

* 이 책은 세종사이버대학교 출판 지원사업으로 출간되었습니다.

지금 집값보다 더 높게 파는 홈스테이징 재테크
잘 팔리는 부동산은 따로 있다

초판 1쇄 인쇄 2021년 9월 28일
초판 1쇄 발행 2021년 10월 7일

지은이 장미정

발행인 백유미 조영석

발행처 (주)라온아시아
주소 서울특별시 서초구 효령로 34길 4, 프린스효령빌딩 5F

등록 2016년 7월 5일 제 2016-000141호
전화 070-7600-8230 **팩스** 070-4754-2473

값 16,000원
ISBN 979-11-91283-89-1 (13320)

잘 팔리는 부동산은 따로 있다

지금 집값보다
더 높게 파는
홈스테이징 재테크

장미정 지음

RAON
BOOK

추천의 글

홈스테이징은 미래를 선도할 새로운 영역으로 정부에서도 신직업으로 선정하여 육성·지원하고 있습니다. 본 책은 홈스테이징을 이해하고 준비하는 국민에게 큰 도움이 될 것으로 확신하며, 저성장 시대에 국민들에게 새로운 일자리를 주고 진로 선택의 폭을 넓히는 데 기여할 것으로 기대됩니다.

김중진 | 한국고용정보원 미래직업연구팀 연구위원

국내 부동산의 주거문화 수준을 한층 높일 수 있을 뿐만 아니라 실감(생활+시각) 디자인을 업그레이드한 내용으로 한국형 하이엔드 홈 스테이징으로 선도하리라 굳게 믿어, 향후 귀추가 주목된다.

류경선 | 인디포커스 기자, 前 EBS방송국 단장(센터장)

가장 실용적이고 탁월한 아이디어를 통해 자산의 가치를 극대화해주는 홈스테이징! 성공하기를 원하는 사람에게 등대가 되어주는 책이다.

박봉래 | 유안타증권 이사

저자는 "홈스테이징으로 부동산을 상품으로 만들어라"라고 외친다. 물론 음식의 가격은 그 맛에 의해서 정해진다지만, 매장 위치, 인테리어디자인, 서비스 매너, 주차 조건 등에 의해서도 좌우된다. 또 음식물을 담는 그릇의 품격에 따라 똑같은 음식도 값이 등락하듯이, 부동산도 홈스테이징에 따라 값비싼 요리가 되기도 하고 배만 채우는 한 끼니가 되기도 한다. "홈스테이징으로 부동산을 명품으로 만들자!"

박인학 | 월간 〈인테리어〉 발행인, 한국실내건축가협회 명예회장

대한민국 홈스테이징계의 선구자로 불리는 장미정 교수님의 명저가 출간되었다. 부동산시장이 선진화되는 과정에서는 필수적으로 홈스테이징 분야가 발전할 수밖에 없다. 그러나 우리나라에서는 아직 미개척 분야로서 그 발전 가능성이 무한한 바, 이 책의 출간을 기점으로 좀 더 활발한 연구와 발전이 있기를 바란다.

박종철 | 세종사이버대학교 자산관리학부 겸임교수

팬데믹과 빅 블러 시대를 맞아 집과 사무실의 경계도 흐릿해지고 있다. 홈스테이징은 집의 경제적 가치는 물론 거주인의 행복도를 높이는 이중 전략임을 알 수 있다.

서용구 | 숙명여자대학교 경영전문대학원 원장, 前 한국유통학회 회장

부동산 입지분석과 세일즈 팁, 선과 면, 포컬 포인트 개념 설명 등으로 저자의 해박한 지식을 엿볼 수 있다. 부동산 소유자들은 부동산 가치 증대와 향후 예상되는 부동산 버블 붕괴에 대비하여 홈스테이징업을 이해하고, 이를 적극 활용하는 것이 바람직할 것으로 생각한다.

이희락 | 타임부동산 이사, 前 하나은행 지점장

홈스테이징을 홈데커레이션, 또는 하우스 리모델링과 연계하여 생각하는 사람들이 많다. 하지만 홈스테이징의 개념은 부동산의 가치창출이라는 좀 더 가시적인 효과의 극대화에 그 차별점이 있다. 이에 저자는 건축과 인테리어를 복합 전공한 후, 일본으로 건너가 발전된 홈스테이징의 체계를 국내에 들여왔고, 직접 본인이 부동산 공인중개사 자격까지 취득하며 국내 홈스테이징 분야의

방향성 설정과 체계 확립에 이바지한 바 있다. 이에 그간의 과정들은 모두 모아 이 책을 출간함으로써 이 분야의 초석을 성실히 다져나갈 것이라 믿는다.

장순각 |한양대학교 실내건축디자인학과 교수, 충청남도 수석공공건축가

저자는 국내에 홈스테이징 분야를 소개·개척한 선구자의 길을 걷고 있다. 코로나19로 인해 풀린 전 세계 유동성으로 단기간 급격히 상승한 부동산 자산의 방향성을 판단하는 것이 그 어느 때보다 중요해진 현시점에서 참으로 시의적절한 책이다. 부동산 패러다임의 변화에 대해 알고 싶다면 꼭 일독을 권한다.

장승희 | GW&TRUST 대표이사(사모펀드), 前 LG경제연구원 책임연구원

노후 주택이 증가하고 있는 3만 불 시대에 리모델링과 부동산 업그레이드를 위한 국내 최고의 홈스테이징 책으로 평가된다.

정용식 | 건설기술교육원 교수, 한국리모델링협회 부회장

이 책은 우리나라 제1호 홈스테이저인 저자가 홈스테이징에 대한 다년간의 실무 경험과 연구성과를 독자들이 이해하기 쉽게 풀어 쓴 책이다. 4차 산업혁명과 포스트 코로나 시대를 능동적으로 대처하면서 성공적인 부동산 매매와 투자를 원하는 개인과 기업이라면 반드시 읽어야 할 필독서임을 믿어 의심치 않는다.

조덕훈 | 세종사이버대학교 자산관리학부 학부장

일본은 1990년대 버블 붕괴 후 저성장시대에 돌입하였고 2007년부터 인구감

소가 진행 중이다. 한국도 2028년 전후로 인구감소가 비슷하게 진행할 것이다. 이 책은 부동산을 홈스테이징의 상품화로 다양한 노하우와 사례를 제공하고 있다. 30년 동안 글로벌 비즈니스를 해온 바 앞으로 부동산의 가치를 창출하는 데 커다란 도움이 될 것으로 확신한다.

조철휘 | K&J 글로벌컨설팅 대표, 한국유통포럼 회장

부동산과 비주얼 머천다이징을 접목한 홈 스테이징이 신선하다. 무엇이든 직접 해봐야 하는 장미정 박사는 한국에 생소한 홈스테이징을 일본으로 가서 직접 배우고 와, 그 이후로 긴 시간 동안 홈 스테이징에 대해 열정적으로 연구와 노력을 해왔다. 한국을 대표하는 홈스테이징이 될 것으로 자부한다.

홍동인 | 한국홈스테이징협회 이사

홈스테이징으로 부동산을 상품화하는 것은 기존 부동산에 대한 발상의 전환을 시도한 참신한 내용이다. 이 책에는 부동산 경매 분야에도 바로 응용할 수 있는 내용들이 잘 담겨 있다.

황종화 | 에듀윌·메가랜드·부동산TV 경매전임 교수, 세계로디앤씨 대표

프롤로그

새롭게 뜨는 직업,
홈스테이저

2020년 대한민국은 주식과 부동산 관련 이슈로 들썩였다. 너도나도 빚을 내어 삼성전자 주식을 사고, 2030세대는 '영끌'해서라도 아파트를 매입했다. 그 결과, 2020년 4분기 가계빚(가계신용 잔액)이 1,682조 원을 넘어섰다. 이것은 대한민국 국내총생산(GDP) 대비 88% 규모다. 갈수록 점입가경이다.

2021년 들어 정부는 늘어나는 가계부채를 줄이기 위해 대출을 더 조이고 있다. 그러나 사람들은 막바지 부동산 사다리에 올라타기 위해 자고 일어나면 올라간 부동산 가격에 너도나도 패닉바잉을 하고 있다.

그러나 지금이 고점이다. 곧 부동산 버블 붕괴가 온다. 버블이 꺼지면 어떻게 해야 할까? 우리는 지금도 두 가지로 고민한다. '집값 더 오르겠지? 아니면 폭락하면 어떻게 하지?' 하는 고민이다.

이때는 부동산을 상품으로 만들어서 파는 것이 정답이다. 그것이 바로 홈스테이징(Home Staging)이다. 홈스테이징은 폭락할 때 최대한 높은 가격으로 팔 수 있게 하고 상승할 때도 더 비싸게 팔 수 있게 한다.

나는 이미 2017년 일본에서 홈스테이징의 매력을 경험했다. 18개월간 나가지 않던 매물이 홈스테이징으로 단 5일 만에 계약이 성립되었다. 일본은 인구 감소로 도심에 일하는 청년이 없다. 지방의 경우는 더욱 심각했다. 시골은 일자리가 소멸하고 빈집이 늘어나 범죄도시로 몰락하고 있었다. 이때 홈스테이징은 오랫동안 거래되지 않는 집에 좋은 해결책이 되었다.

나는 학부에서 건축학을 전공하고, 졸업 후 인테리어 코디네이터, VMD, 공간연출가로 일을 해왔다. 특히, 집을 단순히 거주하기 위한 용도가 아닌 상품으로서 바라보고 콘셉팅을 해왔다. 그래서 나는 일본에서 한국의 10년 뒤의 모습을 상상해보았다. 어쩌면 내가 박사학위를 받고 일본으로 바로 넘어간 것은 나에게 주어진 숙명이었을지도 모른다. 나는 일본에서 한국인 최초로 홈스테이징

과정을 이수하였다. 그리고 당당히 공인 홈스테이징 전문가 자격을 취득하였다. 나는 일본에서 배운 노하우를 활용하여 부동산 버블 붕괴에 대비한 홈스테이징을 한국에서 전도하고 있다.

홈스테이징은 '고객의 시점'에서 살고 싶게, 그리고 사고 싶게 관점을 바꾸는 것이다. 또한 고객이 구매 이후의 집을 상상할 수 있게 하는 것이다.

지금도 고점에서 집을 매수해 점점 떨어지는 집값에 불안해하는가? 그렇다고 고민만 할 수는 없다. 이제는 집도, 부동산도 상품으로 만들어야 한다. 집을 상품으로 만드는 방법은 따로 있다. 각각 부동산에 맞는 전략적인 접근법이 필요하다.

어떻게 하면 집을 상품으로 만들 수 있을까? 고가의 명품가방에서 자동차, 아파트까지 구매를 결정하는 것은 대부분 매력적인 요소다. 고객은 부동산에서도 단 0.5초 만에 매력적인 요소를 발견한다. 그러고 나서 바로 구매 결정으로 이어진다. 이것이 돈 안 들이고 부동산을 매력적으로 만드는 홈스테이징이다. 홈스테이징은 50년 된 낡은 단독주택도 돈 잘 버는 상업시설로 탈바꿈시킬 수 있다. 그리고 오래되고 낡은 다세대 빌라도 월세 수익 잘 나오는 새로운 비즈니스 건물로 만들 수 있다.

집을 거주자가 아닌, 실제 사용할 최종 고객(end user)의 관점에서 봐야 한다. 이것이 바로 부동산을 상품으로 만드는 일이다. 아파트, 주택, 상가, 공장 등 다양한 부동산을 홈스테이징으로 변신시킬 수 있다. 그중에서 쉬울 것 같으면서도 까다로운 것이 집이다. 나는 이 책에서 주로 집을 상품으로 다루는 방법에 대해 소개하려고 한다.

2021년 1월 수도권 인구는 사상 처음으로 대한민국 전체 인구의 50%를 넘어섰다. 환언하면 수도권을 제외한 나머지 도시는 점점 쇠퇴의 길로 접어들고 있는 것이다. 한국도 일본의 모습을 닮아가고 있다. 어쩌면 불안하고 두려운 상황인 것이다.

지금이 홈스테이징으로 부동산을 상품으로 만들 최적의 시기다. 홈스테이징, 이것은 우리의 자산을 지켜줄 강력한 무기가 될 것이다.

한국을 대표하는 홈스테이징 전도사

장미정

차례

2장

부동산, 전략적으로 접근하라

3장

6개월 만에 30% 높이는 법

4장

홈스테이징의 기본 원칙

5장

공간 플래닝 노하우

1장

부동산,
다른 시각으로 바라보다

대한민국 부동산, 어디까지 왔는가?

한국의 부동산은 이미 버블이다

"2021년 지금 대한민국 부동산은 혼돈의 시기에 있다"는 말을 자주 듣는다. 정부는 하루가 다르게 부동산에 대한 전망을 발표하고 있지만, 사람들은 여전히 부동산에 대해 비관적이다. 세계적인 투자자 짐 로저스(Jim Rogers)도 한국의 부동산에 대한 전망에서 "머지않아 거품이 꺼질 것이고, 이로 인해 많은 사람이 고통을 받을 것"이라고 경고했다. 이러한 부동산 문제는 경제학의 논리에서 가장 기초적인 것으로 수요와 공급의 불일치에서 발생한다.

코로나19로 인해 집콕 생활을 하게 되면서 지금 대한민국 국민들은 너도나도 안락한 집을 원한다. 그러나 이러한 수요에 반해 대한민국의 부동산은 발 빠른 공급 대책은커녕 규제만 스무 번 이상을 해왔다. 그것이 문제다. 자고 일어나면 집값이 천정부지로 오르고, 이로 인해 사려는 자와 팔려는 자는 서로 분쟁을 하고 있다. 오락가락 바뀌는 부동산 정책에 어디에 잣대를 두어야 할지 너도 나도 아우성이다. 지금의 대한민국 부동산은 공급 부족으로 버블이 많이 끼어있고 정점에 이르렀다. 경제용어로 보면 임계점에 이른 것이다. 연일 나오는 경제뉴스는 언제 터질지 모르는 풍선처럼 가계부채에 대한 부정적 시그널을 보내고 있다. 많은 이들의 마음 속에 계속해서 두려움이 생겨난다.

폭락 징조는 이미 시작되었다

2020년 한국의 부동산은 아파트에서 오피스텔을 거쳐 토지까지 남녀노소를 불문하고 인기가 최절정이었다. 특히 최근에는 '영끌(영혼까지 끌어모음)'이나 '패닉바잉(공황구매)'이라는 용어가 유행하며 20~30대가 주택 구매 시장에서 높은 비중을 차지하고 있다는 점도 눈여겨봐야 한다.

2021년 현재 서울부터 대전, 대구, 부산 등 광역시를 거쳐 제주도까지 부동산 인기는 확산되고 있다. 이처럼 전국으로 확산되는 이유는 규제 완화와 교통망 개통에 이어, 지금 아니면 집을 살 수 없다는 불안감과 군중심리 때문이다. 그로 인해 여기저기 깃발을 꽂듯이 전국을 누비며 패닉바잉을 하는 것이다. 내 지인은 부산에 사는데 서울로 무작정 올라와서 요즘 인기라는 서울 강북의 재개발 단지 매물을 보고 왔다고 한다. 재개발 소문이 난 동네는 돈 가

방을 현금으로 들고 온 사람들로 북새통이었다고 한다. 한국 부동산의 씁쓸한 현주소다.

2021년 들어 서울의 아파트값이 8개월 만에 1억 원이 올랐다고 한다. '왜 이렇게 오르는 것일까? 그리고 언제까지 오름세가 이어질까?' 하는 두 가지 의문점을 갖게 된다.

아파트 가격이 계속 오르는 이유는 다음과 같다. 최근 1~2년 정부 당국은 경기부양정책으로 금리를 인하하였고, 이러한 막대한 은행자금 대출은 부동산 시장으로 몰려 부동산 가격 상승을 이끌었다. 너도나도 부동산을 매수하고자 하는 가수요가 나타나자 정부는 올해 들어 다시 대출을 억제하기 시작했다.

경기순환 주기에 따른 부동산 단계

구분	회복기	확장기	수축기	불황기
물가	전반적인 상승, 생산재 가격 상승	물가 최고 수준, 최종 소비재 상승	하락	최저 수순
생산 활동	활발, 생산재 생산 완만한 증가	활발, 소비 재생산 완만한 증가	전반적인 하강	최저 수순
소득	증가	최고	감소	최저
고용	증가	최고	감소	최저
현금	대출 증가	대출 억제 시작	지불 불능 발생	지불 불능 최고
이자율	점차 상승	상승	최고점	하락
주식	상승	최고	하락	폭락
부동산	가격 상승 미비	가격 상승	가격 안정 / 하락 시작	거래 위축

앞 표에서 보면, 부동산은 일반적으로 회복기·확장기·수축기·불황기의 네 단계를 거친다. 한국의 부동산은 현재 확장기에 와있다. 수축기가 오기 전의 징조로 부동산 가격이 최고조로 오르고, 주식도 최고조로 오름세를 보인다. 이러한 시장경제의 불안을 잠식시키기 위해 대출을 억제하기 시작한다. 어찌 보면 경기순환에 따른 부동산의 네 단계 주기는 가장 기본적인 경제 사이클이다. 곧 수축기에 접어들지도 모를 상황이다.

최근 "깡통전세 피해에 유의하세요"라는 보기 드문 현수막을 보았다. 깡통전세는 주택 매매가보다 전세가가 더 높을 때 나타나는 현상이다. 반대로 말하자면 전세가보다 주택 매매가가 하락했을 때도 이러한 현상이 나타난다. 매매가보다 전세가가 높을 때는 전세 매물이 없어 희귀하기 때문에 상대적으로 가격이 오른 것이다. 전세가보다 매매가가 낮아지는 것은 매매가의 거품이 꺼질 때 나타나는 것이다. 두려운 것은 위의 표에서 제시한 바와 같이 경기

깡통전세 피해 유의 현수막

출처: 환경일보

확장기가 되면 부동산 가격은 상승한다. 한국의 부동산은 이미 너무 많이 오른 상태다.

다음 그래프는 매매가와 전세가의 추이를 나타낸 것이다. 일반적으로 매매가가 전세가를 웃돌지만 2020년 가을부터 겨울에 이르기까지 이사 철에 일시적으로 전세 물량이 부족해짐으로써 전세가가 매매가를 추월했다. 그러나 2021년 부동산의 거품이 많이 끼어있는 상태에서 정부는 공급을 늘리는 정책을 발표하고 있어 곧 매매가는 하락할 것이다. 이때 전세가보다 매매가가 더 낮아져 깡통전세가 나타나는 것이다.

깡통전세 그래프

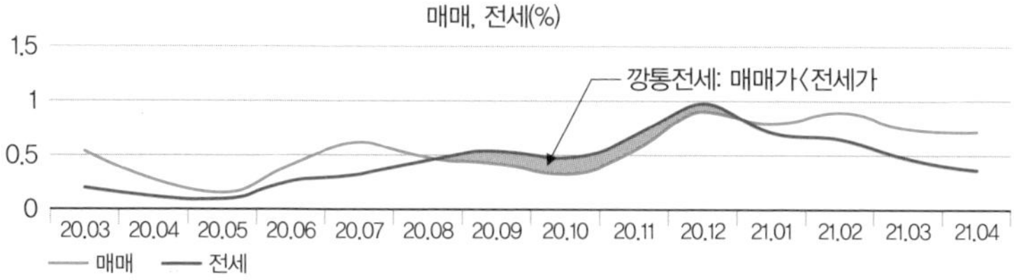

한국의 부동산은 양극화가 심화되었다

한국의 주택 공급시장은 대규모 아파트 공급을 중심으로 주택보급률을 확대해왔다. 이는 2008년에 100%를 상회하였고, 2019년 말 106%를 기록했다. 한국의 인구 감소 대비 아파트 공급량 증가를 보면 곧 공급물량 과다로 인한 집값 하락을 예측할 수 있다.

한국의 주택 공급시장은 4~5년마다 급증·급락 현상이 주기적으로 나타난다. 곧 급락할 것을 대비해야 한다. 다음 그래프를 보고 2016~2021년 사이를 예측해보면, 한 번의 주택 공급 급증이 예상된다. 그리고 2022년 이후부터 급락 현상이 나타날 것이다.

4~5년마다 주택 공급 증가율의 급증과 급락 반복 현상

(단위: %)

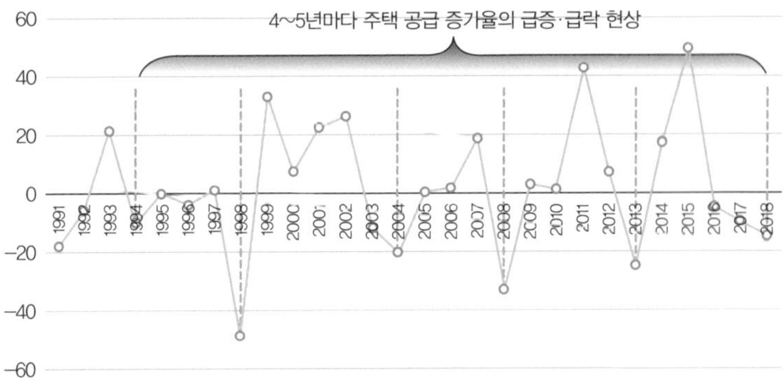

자료: 통계청, 부동산114, 국토교통부, 「국토교통부 인·허가 실적」

출처: KDI

또한 다음 그래프를 보면 대부분 주택 보급은 우상향하고 있다. 그중 아파트 등 신규 입주물량이 2016년 이후 일부 지역에서는 부족한 것도 있지만, 인구가 점점 감소하고 있는 한국의 실정과 달리, 전체적인 평균을 보면 점진적으로 보급률이 증가하고 있다. 서울·경기·인천을 제외한 광주 및 그 외 전국의 지방 도시 주택보급률은 100%를 넘어 미분양과 준공 후 미분양 증가로 인한 일부 지

한국의 전국 주택 보급률 증가 추이

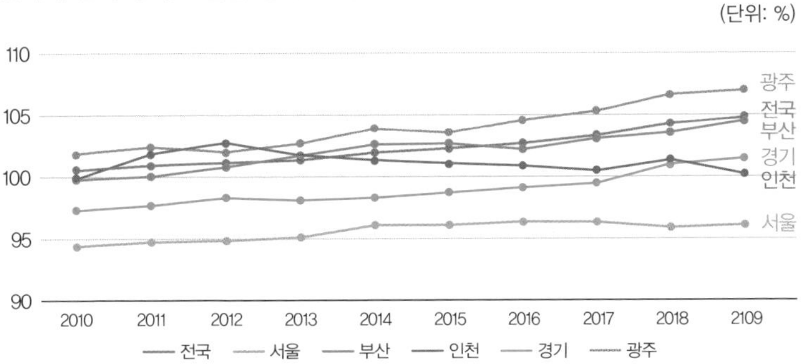

출처: e-나라지표

역의 공급과잉이 우려된다.

2020년 서울을 시작으로 지방 도시까지 부동산 투기 광풍이 일어 부동산 가격에 버블이 형성된 것을 보면, 지방의 주택 보급률 증가는 곧 버블 붕괴 이후 집값의 폭락을 암시하고 있다. 얼마나 많은 사람들이 고통을 받을지 생각해보면 두려운 일이다.

20년 전 미국의 모습을 닮았다

어찌 보면, 지금의 대한민국은 2000년대 초반 미국의 모습을 많이 닮았다. 그래서 내가 '이 책을 올해 꼭 써야겠다'고 마음을 먹은 것일지도 모른다.

2000년대 초반 IT 버블 붕괴, 911테러, 아프가니스탄·이라크 전쟁 등으로 경제가 악화되자 이에 미국 정부는 경기부양책으로 초저금리 정책을 펼쳤다. 이에 따라 주택융자 금리가 인하되어, 부동산으로 투자수요가 몰리면서 다시 부동산 가격이 상승하기 시작했다. 2000년대 초 미국은 경제 부양 정책으로 금리 인하를 시행했다. 낮은 금리로 인해 대출이 증가하였고, 부동산으로 투자 수요가 몰리면서 부동산 가격의 상승을 끌어올렸다. 너도나도 부동산으로 몰리면서 부동산의 버블은 점점 늘어났다.

그러나 미국의 부동산 투자 열기는 오래가지 못했다. 2004년 미국이 저금리 정책을 종료하면서 부동산 버블이 사그라들기 시작했다. 대출금리가 올라갔고, 저소득층 대출자들은 원리금을 제대로 갚지 못하게 되었다. 부동산 열기가 식자 하루하루 떨어지는 집값을 잡기 위해 사람들은 집을 팔고 싶어했다. 그러나 집은 좀처럼 팔리지 않았고 여러 가지 사회문제를 야기했다. 한국도 2020년 부동산 바잉에 이어 2021년 부동산 버블 붕괴를 앞두고 있는 시점에서 미국의 사례를 반면교사로 삼아야 할 것이다.

다음 그래프는 2000년대 초 당시 미국의 부동산 버블 붕괴 전후의 상황을 나타낸 것이다. 20년이 지난 지금의 대한민국의 부동산 시장은 어떠한가? 2000년대 초 미국의 모습을 너무도 닮았다. 그래서 수많은 전문가들이 "부동산 거품이 2~3년 이내 꺼질 것"이라고 너도나도 우려하는 것이다. 이러한 과거의 지표를 보고 미래를 생각해보면 한국에는 과연 어떤 일들이 일어날지 걱정이 앞선다.

그렇다고 해서 단지 두려움에 떨고 있어야만 할까? 결단코 아니다. 위기를 기회로 삼아 곧 다가올 부동산 버블 붕괴를 대비하면

미국의 부동산 버블 붕괴 전후

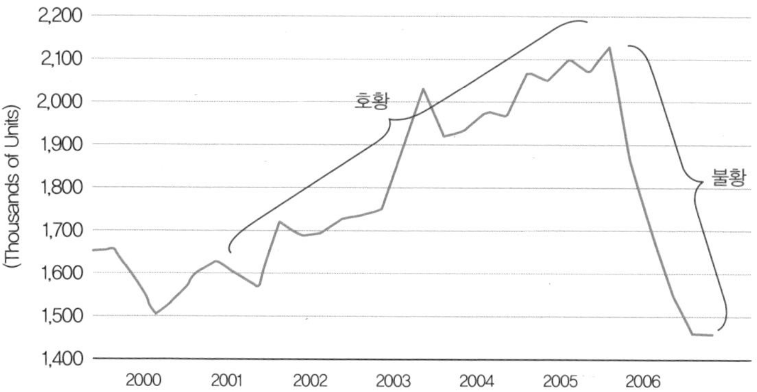

출처: John Taylor, 〈The Financial Crisis and The Policy Responses: an Empirical Analysis of What Went Wrong〉, 2009

된다. 위험에 미리 대비하는 것도 고통을 최소한으로 줄일 수 있는 방법이다. 이런 문제가 발생할 것이라는 것을 많은 전문가들이 예언을 하고 있다면 대책은 무엇일까?

미국 ASP(Accredited Staging Professionals)의 창립자 밥 슈왈츠(Bob Schwarz)는 1970년대 초 미국 워싱턴주에 있는 벨뷰(Bellevue)에서 부동산 에이전트로 일을 하면서 잘 거래되지 않는 매물에 홈스테이징 개념을 처음 도입했다. 그 이후 2000년대 초 미국의 부동산

홈스테이징의 등장 배경

경기 부양 정책으로 금리 인하 ➡ 대출 증가, 부동산 수요 증가 ➡ 부동산 가격 상승(거품 가격) ➡ 부동산 열기 둔하 ➡ 집을 팔고 싶지만 팔지 못하는 사람 증가, 사회적 문제로 발생 ➡ 홈스테이징 등장

버블 붕괴가 왔을 때, 밥의 홈스테이징은 '덜 내려간 가격으로 집을 빨리 팔 수 있는' 좋은 매매연출 수단이 되었다. 그 후 홈스테이징 산업은 버블 붕괴, 사회적 문제 발생으로 인해 급성장해 현재 미국, 캐나다, 호주, 영국 등 전 세계로 확장되었다.

가장 중요한 것은 생각의 전환이다. 홈스테이징은 내가 살기 위한 집이 아니라 상품을 만드는 것이다. 이것 하나만 생각을 바꾸면 된다.

전 세계 상위 10%의 홈스테이징은 다르다

상품성 좋은 부동산으로 부를 축적하다

글로벌 자산가 상위 10%가 자산 90%를 차지하는 부(富)의 불평등은 점점 심화되고 있다. 세계 부의 절반을 0.9% 부유층이 보유하고 있고 그중 한국은 80만 명이나 백만장자다(2019년 글로벌 부 보고서). 이 작은 나라에서 백만장자가 80만 명에 달한다는 것은 놀라운 일이 아닌가? 이러한 자산가들의 공통점은 무엇일까? 바로 주식과 부동산을 통해 부를 축적한다는 것이다.

국내 100억대 이상의 자산을 가진 부자들은 아파트가 아닌 상품성 좋은 상업용 부동산에 비중을 급격히 늘리고 있다고 한다(하나금융경영연구소, 2020). 즉 이들은 거주용 부동산(아파트, 주거용 오피스텔)을 통한 단기 시세차익이 아닌 비거주용 부동산(상가, 빌딩)을 통한 장기적인 수익 창출을 노리는 것이다.

2019년 전 세계 부의 지도

자료 출처: 한겨레

왜 이들은 상품성이 좋은 비거주용 부동산으로 포트폴리오를 늘리고 있을까? 인구가 점점 줄어들고 있는 한국의 상황에서 거주용 부동산은 보유 및 처분에 있어 폭탄이 될 수도 있다는 불안감과 함께 상품으로서 다양한 활용 및 변형이 가능한 비거주용 부동산에 대한 매력 때문에 비거주용 부동산을 선호하는 것이다.

홈스테이징을 활용한 차별화 전략

내가 만난, 부동산으로 돈 좀 벌었다는 부자들은 부동산을 거주를 위한 것이 아닌 상품으로서 여기고 있었다. 그리고 시장을 읽고 잘 팔릴 수 있게끔 홈스테이징을 해왔다. 아직 국내에는 홈스테이징이라는 용어가 낯설다. 홈스테이징은 사전적으로 '집(Home)을 무대(Staging)로 하다'라는 뜻이다. 홈스테이징은 부동산

서비스산업의 한 분야로서 마케팅의 시각적 판매촉진 전략(visual merchandising, 연출 기법)을 적용한 것이다.

다시 말해서, 홈스테이징은 부동산을 상품화하는 작업이다. 홈스테이징은 가능한 한 구매자에게 물건이 좋아 보일 수 있도록 가장 적합한 장면을 세팅하는 것이다. 스테이징을 거친 부동산은 구매자에게 구매 이후의 생활을 상상할 수 있게 해준다.

대부분의 부동산 전문가들은 부동산 매각에 있어 입지·상태·가격·조건·시장상황을 중요한 요소라고 말한다. 그중 '입지'가 가장 중요한 요소라고 한다. 확실히 입지가 굉장히 중요하다. 그래서 가격에 영향을 미치기도 한다.

그러나 부동산 매물 분석에 있어 이러한 요소들은 일반적으로 누구나 다 아는 것이다. 또한 남들과 차별화되는, 환언하면 부동산 매각의 차별적 요소로는 홈스테이징이 있다. 홈스테이징을 하면 그 어떤 입지에도 가격에 영향을 준다. 즉 입지가 좋지 않은 부동산도 홈스테이징을 거치면 더 올려 받을 수 있다. 부동산 자산가들은 홈스테이징을 통해 차별 포인트를 만들었다.

홈스테이징을 거치면 매물 입지가 그다지 좋지 않은 경우에도 홈스테이징을 거치지 않은 매물보다 빨리 더 좋은 가격으로 거래된다. 지역에 의해서 시장과 가격의 차이는 있지만, 어떤 장소에서도 홈스테이징을 거친 부동산은 다른 물건보다 더 좋게 보일 수 있어 단시간에 보다 좋은 가격으로 판매될 수 있다. 따라서 홈스테이징은 부동산 자산가들의 자산 가치를 더 올려주는, 부동산의 강력한 세일즈 툴로 활용되고 있다.

자산가들은 부동산 매물에 연출을 한다

미국의 부동산 전문 사이트 리얼터(www.realtor.com)에는 억만장자들의 집들이 많이 있다. 할리우드 스타들이나 세계 경제 부호들이 집을 매매하는 장면을 보면 한국과 사뭇 다르다. 한국의 홈스테이징은 인테리어와 혼돈을 줄 정도로 실내공간의 홈스타일링과 리모델링에만 초점을 두고 있다. 그러나 내가 경험한 일본, 영국, 미국 등 해외의 홈스테이징은 그 집으로 들어가는 입구, 대문, 진입로부터 연출을 한다. 고객이 그 집으로 들어가는 순간부터 멋져 보이게 연출을 하는 것이다.

다음 사진은 금융전문가이자 라디오 쇼 진행자인 데이브 램지(Dave Ramsey)가 최근 자신의 주택을 부동산 시장에 올려놓은 것이다. 그는 이 건물을 2008년 한화로 약 17억 원에 매수해 몇 년간 인접 부지를 계속 매입하였고, 매매 당시 침실 6개, 욕실 9개, 엘리베이터가 있는 매물로서 2020년 한화로 약 175억 원에 거래되었다.

연출 포인트는 프랭클린의 꼭대기 언덕에 자리 잡고 있어 집에서 뮤직시티 남쪽의 교외를 다 내려다볼 수 있는 최고의 조망권을 가지고 있다는 것이다. 이 점에 착안해 전망이 좋은 집으로 만든 것이다. 또한 메인하우스는 브라운톤의 치장 벽돌과 프렌치 도어로 연출해 마치 프랑스의 궁전에 있는 듯한 모습을 연상케 했다.

램지 하우스의 모습

출처: realtor.com

더 멋진 것은 가족들과 프라이빗하게 즐길 수 있는 수영장과 지인들을 초대해 즐길 수 있는 가든 파티장이다.

닭장 같은 한국의 아파트에서 이런 궁전 같은 집은 하이엔드(high-end) 고객의 라이프스타일에서만 느낄 수 있는 풍경이다. 만약 당신이 이 집을 고객으로서 구경한다면 어떨까? 아마 최상류층의 삶을 상상하게 될 것이다.

언덕 위에 자리하고 있다는 점이 단점일 수 있지만, 반대로 접근하면 가장 매력적인 조망권을 가지고 있다. 이러한 점을 살려 건물의 외부공간부터 홈스테이징을 해 최대의 장점으로 연출한 것이다. 이처럼 전 세계 상위 10%의 자산가들은 자신의 집도 매물로 올리기 위해 가장 매력적인 포인트를 정해 고객들에게 전달한다.

낡고 오래된 집도, 교통이 다소 불편하거나 언덕 위에 있는 집도 얼마든지 단점을 장점으로 탈바꿈시킬 수 있다. 부동산 매물도 연출을 통해 자산 가치를 높일 수 있다. 그것이 홈스테이징이다. 현재 자신이 가지고 있는 매물의 장점과 단점을 한번 떠올려보자. 지금 당장 누군가가 그 매물을 보러 온다면, 얼마나 단점을 보완해 장점으로 표현할 수 있을지 고민해봐야 한다. 매물을 보러 온 고객들이 구매 이후의 삶을 어떻게 상상하게 될지 말이다.

홈스테이징으로 자산의 가치를 높이다

홈스테이징은 부동산 매매 연출이다

홈스테이징은 고객이 해당 부동산을 구입한 후의 생활을 상상하기 쉽도록 공간을 연출하는 것이다. 영국에서는 홈스테이징을 '홈스테이징과 부동산 스타일링(Home Staging & Property Styling)'으로, 미국에서는 '홈스테이징과 리디자인(Home Staging & Redesign)'이라고 부른다. 한국에서는 '부동산 매매 연출 서비스'라 일컫는다. 이는 해당 부동산을 판매하기 위해 가볍게 연출한다는 개념이다. 판매자가 팔려고 내놓는 부동산에 인테리어로 시간과 노력을 투자하는 것보다 더 빠르고 쉽게 스타일링과 리디자인을 해 팔리도록 돕는 것이다.

홈스테이징은 집의 자산 가치를 높이기 위해 여러 방면으로 연출하는 '종합 프로듀스'와 같다. 마치 연극의 배우와 무대 공간

(Stage, 스테이지)처럼 홈스테이징도 집(Home)을 무대(Staging)로 연출해서 고객이 그 매물에 대해 구입 후의 생활을 상상하기 쉽도록 하는 것이다.

미국 부동산중개인협회(The National Association of REALTORS) 통계에 따르면, 홈스테이징에서 연출을 위한 주된 포인트는 부엌(93%), 거실(83%), 침실(77%) 순으로 효과가 큰 것으로 나타났다.

미국 부동산중개인협회 통계 자료

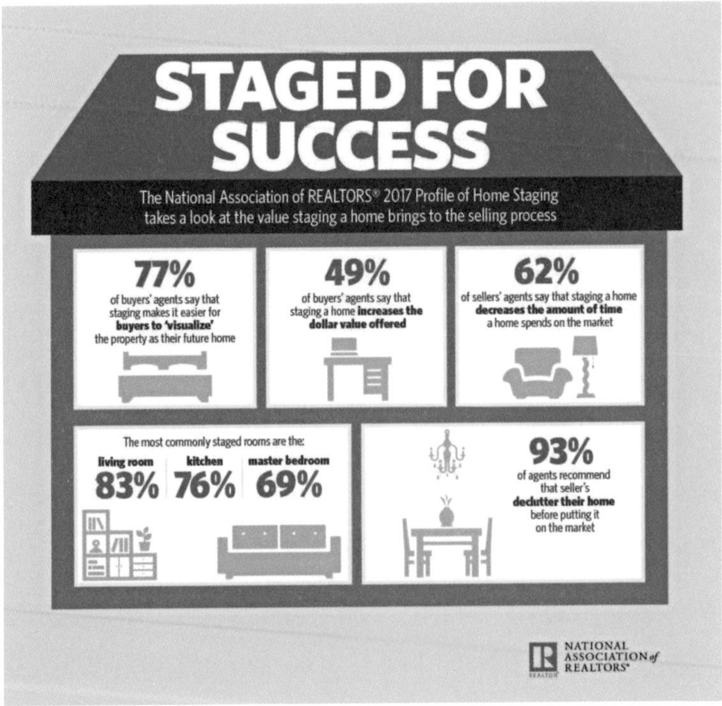

출처: NAR

다음은 홈스테이징을 하기 위해 미리 알아두어야 할 핵심 개념이다.

- 홈스테이징이란 즐기는 것
- 홈스테이징은 가구 및 소품에 새로운 방법을 부여하고 새로운 역할을 주는 것
- 홈스테이징은 생활하기 쉽게 하는 것, 주위의 짐을 줄이는 것
- 홈스테이징은 부동산 매물에 새로운 세트를 만드는 것
- 홈스테이징은 여분의 짐을 재빠르게 정리하는 것
- 홈스테이징은 청소하는 것
- 홈스테이징은 판매자의 재산을 정리하는 것
- 홈스테이징은 실내와 실외의 이미지를 사용하는 것
- 홈스테이징은 단독주택, 빌라, 아파트, 상가 등을 판매하는 것
- 홈스테이징은 구매 예정자인 손님이 미래의 생활을 상상할 수 있도록 하는 것

빠르고 비싸게 팔 수 있는 강력한 마케팅 도구다

얼마 전 한 지인을 만났다. “빌라를 부동산에 내놓았다는데 잘 안 나가요”라고 하며 걱정이 많아 보였다. 몇 달째 부동산에서 연락도 없고 해서 그 지인은 ‘어떻게 하면 잘 안 나가는 빌라를 빨리 나가게 할까?’ 하고 고민하다가 용한 점집을 찾아갔다고 한다. 나

는 그 말을 듣고 좀 황당했다. 그리고 '홈스테이징을 알았다면 저런 고민을 안 했을 텐데'라고 생각했다. 지인의 말에 의하면 점쟁이가 곧 집이 나간다고 했다고 한다. 언제 나갈지 물어보니 몇 달 안에 나간다고 했다고 한다. 매물이 언제 나갈지 궁금해 점집을 찾아가는 사람들이 꽤나 많다고 했다. 몇 달째 점쟁이의 말만 믿고 기대를 걸고 있어야 한다니 참 우습기도 하면서 슬프기도 하다. 홈스테이징은 바로 이런 매물들을 좀 더 빨리, 낮은 가격을 좀 더 높은 가격으로 판매할 수 있는 매력적인 방법이다.

홈스테이징을 하는 것은 판매자에게 다음과 같은 장점을 제공해줄 수 있다.

판매 기간을 단축한다

매력적으로 상품화된 물건은 빠른 계약으로 이어진다. 상상만 해도 기쁘지 않은가? 홈스테이징을 하기 전후를 비교하면 더욱 자명한 결과를 목격할 수 있다. 홈스테이징을 한 이후로 매물은 구입을 희망하는 손님이 많아짐은 물론이고 건축주에게도 팔기 쉬운 물건이 되므로 그만큼 문의도 많이 들어온다. 그래서 판매 기간도 단축할 수 있다.

일본 홈스테이징협회의 홈스테이징 실태 조사 결과를 보면, 홈스테이징을 통해 판매 기간은 1/3로 단축된 것을 확인할 수 있다. 특히 단독주택의 경우, 홈스테이징을 하지 않은 경우 210일 정도 걸렸지만, 홈스테이징을 하면 약 1/5로 기간이 단축되어 37일 만

홈스테이징 유무에 따른 일본 주택 판매 평균 일수

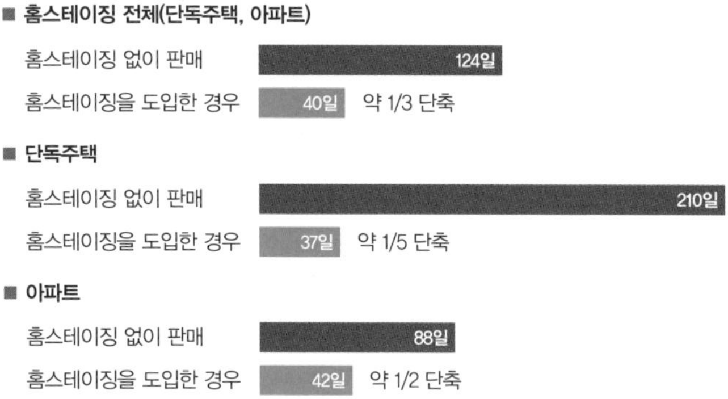

* 그래프는 판매까지의 평균 일수 출처: 일본 홈스테이징협회 보고서

에 매매되었다. 또한 아파트의 경우, 홈스테이징을 하지 않은 경우 88일 정도 걸렸지만, 홈스테이징을 한 경우 약 1/2로 단축되어 42일 만에 매매되었다. 정리해보면, 홈스테이징을 해서 판매하기까지의 일수는 평균 40일로 1/3 정도의 기간이 단축되고, 아파트보다 단독주택에서 더 많은 효과가 나타났다.

한국은 아파트가 많지만 단독주택을 보유하고 있는 사람의 경우 일본의 사례와 같이 홈스테이징을 하면 오랫동안 거래되지 않던 매물을 단기간에 판매할 수 있어 아주 효과적이다.

매물의 가격을 높인다

집이 상품으로 바뀜으로써 매물의 매력은 비약적으로 상승한다. 가격이 오를 뿐만 아니라 판매할 때 자주 발생하는 가격의 흥

정도 줄어든다. 판매자는 시장의 동향이 어떠하든 집을 파는 것이 목적이다. 그러기 위해 '어떻게 홈스테이징을 하고, 그에 들어간 비용을 물건의 가격에 더해 팔 것인가?' 하는 계획을 세울 필요가 있다. 부동산을 최고로 보여주고 싶다면, 홈스테이징을 해서 가능한 한 가장 좋은 가격으로 판매해야 한다.

아무것도 생각하지 않고 상품화되어 있지 않은 집을 부동산 광고에 게재하는 것은 어찌 보면 어리석은 일이다. 홈스테이징을 하지 않고, 집이 가진 마이너스 요인을 그저 무시한 채로 물건을 부동산 광고에 내놓는 것은 시간과 돈을 낭비하는 것이라고 생각해야 한다.

일본 홈스테이징협회의 홈스테이징 실태조사 그래프를 보면, 부동산 매물의 판매 가격이 당초 판매 금액보다 약 0.5% 높게 나타났다. 해당 부동산의 기존 평가 금액이 약 4,500만 엔(한화 4억 6,206만 원)이다. 그러나 간단한 청소와 정리정돈, 데커레이션 등의 홈스테이징을 한 이후의 판매 가격은 약 4,523만 엔(한화 4억 6,442만 원)으로 평균 약 23만 엔 높게 판매되었다.

사실 0.5%는 굉장히 작은 수치다. 어떤 사람은 "겨우 0.5% 높이려고 홈스테이징을 하나?"라고 얘기할 수도 있다. 0.5%의 수치는 홈스테이징을 위해 각 부동산마다 투입된 인력과 물품이 다르기 때문에 평균으로 나온 것이다. 위의 홈스테이징의 판매가격은 지역 특성이나 건물의 건축연수를 비롯한 각종 조건에 따라 청소에서부터 정리·인테리어까지 차이가 많이 난다. 이러한 편차가 심해 평균이 0.5% 수치로 나온 것이다.

홈스테이징 유무에 따른 일본 주택 평균 판매 금액

출처: 일본 홈스테이징협회 보고서

또한 오래전에 홈스테이징이 도입된 영국의 '홈스테이징협회 2020 보고서'에 따르면, 홈스테이징으로 잘 준비된 주택은 6~20% 더 비싸게 팔 수 있으며, 3배 더 빨리 팔 수 있다고 한다.

홈스테이징은 부동산에 새로운 기운을 불어넣고 잠재적인 구매 예정자에게 집을 시각화해 최고의 상품으로 팔릴 수 있도록 매력적으로 연출하는 것이다. 따라서 효율적인 유통에 도움을 주는 것이다. 매매 기간을 단축하거나 매매 가격의 하락을 막을 수 있고, 적은 비용을 투입해 가격을 올려 받을 수 있는 매력적인 판매 도구다.

판매자의 지식과 정보를 표현할 수 있다

아무것도 하지 않으면 매물은 그저 평범한 가치로 시장에 나오게 된다. 홈스테이징을 하면 판매자가 어떤 사람에게 팔고 싶은지 나타낼 수 있고, 매물의 매력과 제안하고 싶은 라이프스타일 등을 표현할 수 있다.

또한 대부분의 판매자는 자신들이 살아온 집 등의 매물에 애착을 갖고 있다. '다음에 살게 될 사람이 그 집의 매력을 알았으면 좋겠다'거나 '애정을 가지고 살았으면 좋겠다'는 마음이 있다. 그러나 홈스테이징을 거치지 않고 아무것도 손대지 않은 채로 부동산을 내놓으면, 그런 판매자의 마음이 구입을 생각하고 있는 고객에게 좀처럼 전해지기 어렵다. 따라서 그 매물의 장점과 단점을 제일 잘 아는 판매자가 홈스테이징을 통해 지식과 정보를 제시하고 표현해야 하는 것이다.

매각할 때 생길 수 있는 트러블이 감소한다

구매자가 매물에 호감을 가지고 구입을 한다면, 판매할 때 발생할 수 있는 트러블이 줄어들게 된다. 또한 판매자와 구매자가 모두 호감을 갖는다면, 그야말로 금상첨화일 것이다.

매물로 집을 내놓는 경우, 시각·청각·후각·촉각·미각의 오감을 자극할 수 있도록 홈스테이징을 한다. 시각은 87%를 차지하는데 지저분한 집의 물건들을 정리하고 다양한 컬러로 생동감을 준다. 그리고 7%를 차지하는 청각은 소음이 많이 발생하는 곳에 매물이 있는 경우 창문을 닫거나 창문을 닫지 않을 경우 가벼운 음악을 틀어서 소음을 약화시킨다.

또한 3.5%를 차지하는 후각으로 매물에 대해 호감을 갖게 한다. 버터가 들어간 빵을 굽거나 은은한 아메리카노의 커피 향으로 집 안을 가득 채우면, 이 집을 방문한 구매 예정자는 구매 이후의 생활에 대해 더 좋게 상상하게 되고 매물에 대해 더 호감을 갖게 된다.

지각심리와 오감

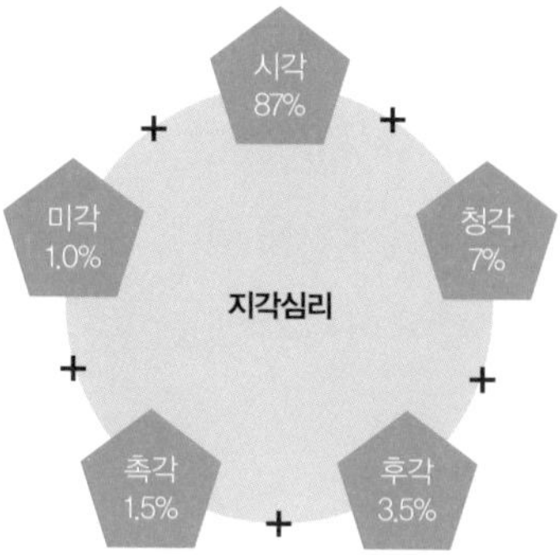

1.5%를 차지하는 촉각은 시각적으로 부드러운 느낌을 주는 쿠션이나 패브릭으로 연출을 하고, 반사가 심한 소재는 지양한다. 1.0%를 차지하는 미각은 실내공간에서 '시각적 미각'을 준다. 예컨대 다이닝룸의 경우 과일 등으로 식탁을 장식하거나 거실의 경우 상큼한 오렌지 컬러의 쿠션 등으로 장식을 한다.

이러한 호감으로 인해 지저분한 상태의 인테리어나 수리를 해야 할 것 같은 물건 등 판매자와 구매자 간 발생할 수 있는 약간의 트러블도 구매자는 '고쳐서 사용하면 될 것'이라고 생각하게 된다. "집을 빨리 팔려면 버터빵을 구워라"라고 할 정도로 오감을 자극하는 홈스테이징은 구매자와 판매자 간의 트러블을 감소시킨다.

부동산 회사와 영업 담당자에 대한 신뢰가 높아진다

영업 담당자(부동산 중개사)와 판매자의 협력을 빼놓고 홈스테이징을 논할 수 없다. 판매를 위해 양쪽이 서로 파트너가 되어 함께 해나간다는 마음이 들면 판매 활동은 당연히 순조로워진다. 그저 단순히 "판매 회사에 일을 일임했다"라는 관계보다 상호 간에 신뢰가 높아져 끈끈한 관계가 형성될 수 있다. 이러한 것들이 다음으로 이어져 또 다른 기회가 만들어지게 된다. 고객과 부동산 회사의 관계는 물건을 판매하고 끝이 아니기 때문이다.

홈스테이징은 부동산서비스다

국토교통부는 2017년 12월 19일 부동산업의 고부가가치산업 육성을 위해 〈부동산서비스산업 진흥법〉을 제정·공표했다. 여기서 부동산서비스는 부동산의 개발·이용·유통 등 전 과정에서 수반되는 서비스를 말한다. 국토교통부는 이러한 부동산서비스를 하나의 산업군으로 분류하고 사람의 생애주기처럼 부동산도 생애주기가 있다고 판단했다. 다음 그래프와 같이 부동산은 시행·시공·분양·임대·관리·유통·생활서비스·리폼 등의 생애주기를 거친다. 홈스테이징은 생활서비스와 리폼 영역에 걸쳐있다.

부동산서비스산업의 밸류체인

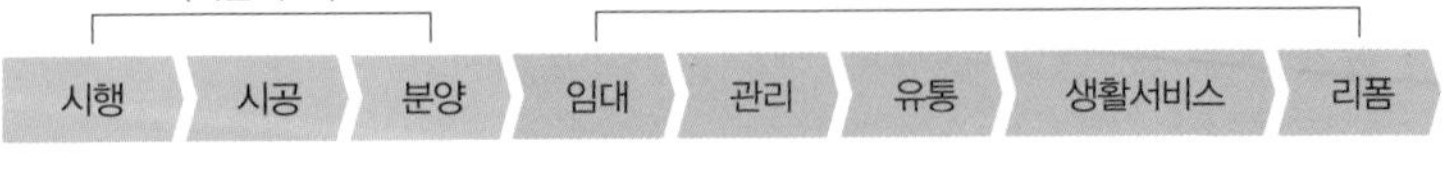

자료: 국토교통부, 2018

하지만 그동안 한국의 부동산서비스산업은 최근까지 개발과 분양 중심, 또는 부동산 중개 서비스에 편향되어 발전해왔다. 부동산 전 생애주기에서 보면, 임대·관리·유통·생활서비스·리폼 등 후방분야는 상대적으로 미흡했다. 한국에서 홈스테이징이 부동산서비스산업이라는 인식은 아직까지 미비하다. 오히려 홈스테이징과 인테리어의 구분이 모호한 경우도 많고 인테리어의 한 부분으로 인식하는 경우도 있다.

그러나 홈스테이징은 앞에서 언급한 바와 같이 집을 상품으로 잘 팔릴 수 있도록 돕는 매매 연출 기법으로 앞으로 성장이 기대되는 분야다. 부동산서비스산업 분야에서 가구유통업, 생활서비스업, 인테리어업에 걸친 융복합적 분야로서 산업 간 가교 역할을 할 것으로 기대된다. 또한 홈스테이징 산업의 인재 육성 및 파급효과가 클 것으로 예상된다. 현재 국내 건설사는 시행·시공 위주에서

가상(VR) 홈스테이징 시뮬레이션

CG를 사용해 빈 공간에 가구나 소품을 배치한 예시 출처: prtimes.jp

분양·임대·관리로 확장하고 있으며, 부동산 중개소는 중개 중심에서 임대·관리로 확장하고 있으나, 유통·생활서비스·리폼의 후방산업은 미비해 홈스테이징 전문가의 양성이 필요하기 때문이다.

일본의 홈스테이징의 경우 가상현실(VR, Virtual Reality) 기기를 활용한 매매주택 연출로 이미 상용화되어 있다. 아울러 현실 공간의 VR에서 확장해 몰입감 있는 확장 현실(XR, eXtended Reality) 기기를 활용한 가상 부동산의 모델하우스 공간 연출을 진행하고 있다. 향후 한국에서도 가상 부동산 매매 연출가의 양성이 필요할 것으로 예상된다.

부동산의 미래, 홈스테이징에서 찾다

일본에서 지방 도시의 몰락을 보다

2020년 IMF에서 발표한 자료에 의하면 아시아권 나라의 인구는 빠른 속도로 감소하고 있다. 특히 일본은 2006년 인구증가율이 제로(0)를 보이다가 일시적으로 2011년 다소 증가를 보였으나 이후 10년간 지속적으로 감소하고 있다. 한국도 2020년 인구증가율이 제로(0)로 나타나 일본과 같이 인구 감소 추세로 진입하고 있다. '세계의 인구 증가율 추이' 그래프를 보면 한국도 일본의 모습을 닮아가고 있는 것을 알 수 있다.

일본의 인구 감소는 초고령화 사회와 맞물려 빈집에 대한 문제들을 일으키고 있다. 그 예로, 일본은 노인들의 고독사로 빈집이 늘어나고 빈집이 범죄자들의 도피처로 이용되는 등 사회적 문제가 나타나고 있다. 한국도 인구 감소와 빈집에 대한 보유와 처분에

세계의 인구 증가율 추이

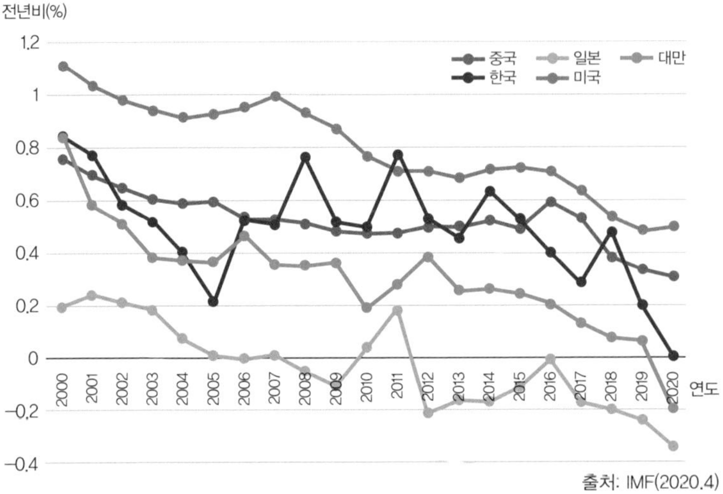

출처: IMF(2020.4)

서 발생하는 문제들에 대해 어떻게 해결할 것인지 일본의 사례를 통해 고민해볼 필요가 있다.

일본의 지방 인구 감소

다음 페이지의 그래프는 일본의 인구이동시기별 도시와 지방의 전입·전출을 나타낸 것이다.

1950년 고도 경제성장 이후 제1인구이동기(1960~1973)에는 도쿄, 오사카, 나고야 3대 도시권으로 인구가 유입되는 전입 초과를 보였다. 하나의 예로, 농촌에서 대도시로의 인구 이동 속도가 강하게 나타나기도 했다.

일본 대도시와 지방의 인구이동

(단위: 만 명)

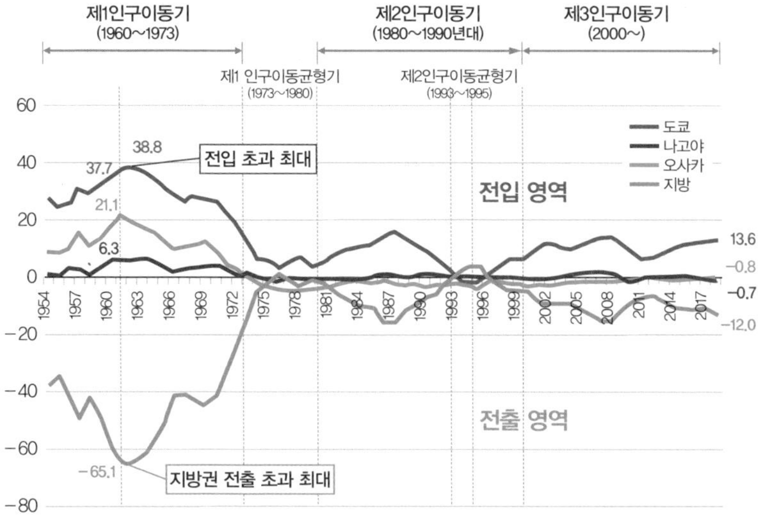

출처: 일본 〈국토교통백서〉, 2020

1970년대 들어 제2인구이동기(1980~1990년대)에는 석유파동 등으로 성장률이 크게 낮아지면서 대도시로의 인구 유입이 감소되기 시작했다. 그중 대도시인 오사카와 나고야 권역은 1970년대 중반부터 도시 인구가 감소하기 시작하며 전입에서 전출로 돌아서는 상황이 나타났다. 그리고 그 이후 대체로 보합세를 유지하는 추이를 보였다.

2000년 이후 제3인구이동기(2000~)에는 버블 이후 시기를 제외하고 도쿄 지역에서 도시 인구가 일부 전입 초과를 보였으나, 다른 대도시인 나고야·오사카 지역은 지속적으로 도시 인구가 전출되어 대도시 사이에서도 쏠림 현상이 나타나고 있다.

정리하면, 일본은 1970년대 일시적으로 지방에서 도시로 인구 유입이 많아진 것을 제외하고 2020년까지 도시의 인구가 감소하고 지방의 인구도 감소하고 있다. 대도시 중에서도 도쿄를 제외한 나머지 대도시들도 점점 소멸해가고 있다. 더 심각한 것은 도시보다 지방이 더 빠른 속도로 소멸해가고 있다는 것이다.

일본의 빈집 증가

다음 그래프는 2020년 일본 〈국토교통백서〉에서 발표한 일본의 빈집 증가율 추이를 나타낸 것이다. 1978년 이후 임대용 또는 매각용 주택과 보조주택(주거용 오피스텔 등)의 빈집 수는 모두 증가하고 있다. 1998년 빈집 수는 처음으로 11%를 넘어 평균 10채당 1채 이상이 빈집이 되었다. 매매용 매물도 임대용 매물도 모두 비어있다

일본의 빈집 증가율 추이

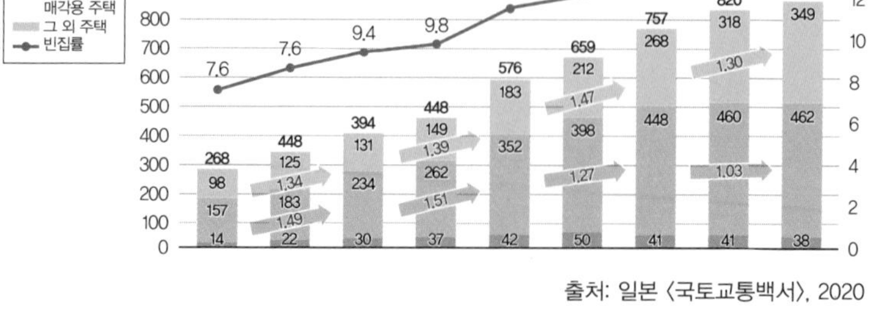

출처: 일본 〈국토교통백서〉, 2020

는 것이다.

또한 총 주택수와 총 세대수는 모두 증가하고 있지만, 빈집 수도 늘고 있다. 오히려 총 주택수가 총 세대수를 초과하는 상태가 계속되고 있다. 사람보다 집이 더 많다는 것이다. 추론해보면, 일부 지역에서 오랫동안 이용되지 않고 방치된 주택이 증가하고 있다는 것을 보여주는 지표라고 할 수 있다.

일본의 사례에서 살펴본 바와 같이, 지방 인구가 감소하면서 나타나는 문제들 중 가장 심각한 것이 바로 빈집이다. 일본은 '소멸해가는 지방 도시를 어떻게 살릴 것인가? 그리고 빈집으로 방치된 것을 어떻게 해결할 것인가?'에 대해 고민하고 있다.

거래되지 않는 매물, 해결점을 찾다

일본은 지방에서 대도시로 인구가 이동하면서 대도시의 부동산 수요가 대폭 상승했다. 반면, 중소도시는 점점 쇠퇴했다. 지금 한국의 서울에서 진행하는 개발 모델인 도심의 용적률 완화와 입체적 개발 기법은 이미 일본 도쿄에서 볼 수 있는 기법이었다. 그러나 이것은 지방의 빈집 증가를 더 부추기는 결과를 초래했다. 그래서 일본에서는 부동산 중개소 및 건설사를 중심으로 지방 도시의 빈집이나 미분양 아파트 매각 문제를 어떻게 해결할 것인지를 고민하였고, 이때 부동산에 시각적 연출 기법(visual merchandising)을 접목한 홈스테이징이 부각되기 시작했다

출처: www.chutoku-g.co.jp/katazuke

청소 정리업, 빈집의 유품 정리

일본은 핵가족화와 취업 등으로 도시로 이사와 부모로부터 독립해 사는 젊은층들이 많다. 이로 인해 부모님이 돌아가신 후 빈집으로 방치되는 경우가 많아 빈집 수가 증가했다. 일본의 자녀 세대는 한참 일하기 때문에 부모님의 유품 정리를 위해 회사를 며칠간 휴가 내는 것이 어렵고, 부모님과 몇 년간 떨어져 살다 보니 어디에 무엇이 있는지 어디서부터 손을 대면 좋을지 알 수 없어 그대로 방치하는 경우도 있다.

유품 정리를 하지 않으면 부모로부터 상속받은 부동산을 매각하고 싶어도 집 안은 잡다한 물건들로 가득 차 판매를 할 수 없게 된다. 이때 홈스테이징을 통해 빈집을 처분하는 데 도움을 줄 수 있다.

일본의 경우, 최근 10년 사이 유품 정리가 급증하였다고 한다. 상속 등으로 빈집을 소유하게 된 사람들은 유품 정리를 통해 빠르게 매각을 하는 경우도 있다. 한국도 점점 핵가족화가 되고 있어 지방의 빈집을 빠르게 매각하는 데 홈스테이징을 활용할 수 있다.

일본 '홈스테이징백서(2020) 조사'에 의하면(조사 기간: 2020년 9~11월), 빈집으로 방치되어 입주하기 어려운 공실의 경우 52.3%, 장기 공실의 경우 40.9%가 홈스테이징을 실시했다고 한다.

이렇게 오랫동안 방치된 빈집이나 입주하기 곤란한 공실의 경

홈스테이징을 도입한 경우

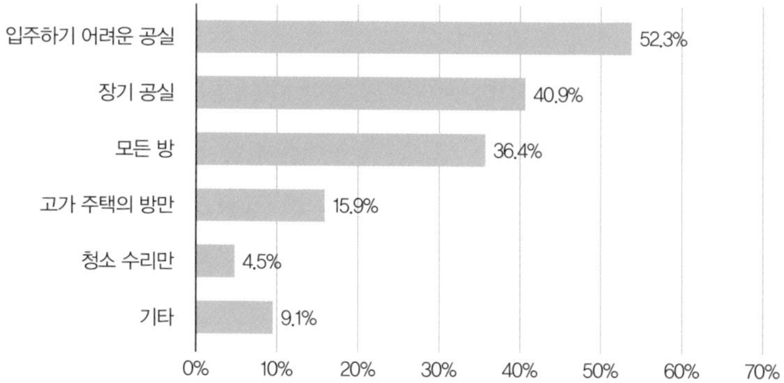

출처: 일본 홈스테이징백서(2020)

우, 홈스테이징을 도입해 실시한 결과 보통 1개월 또는 2주 이내에 매매 또는 임대가 성사되었다고 한다. 오래된 빈집의 경우, 홈스테이징 전문가를 통해 고객에게 어떻게 매력적인 부분으로 어필될지 많이 고민을 해야 하는 부분이다. 그래서 홈스테이징에 드는 비용의 경우, 설문조사 결과 소유자가 지불하는 경우(65.9%)가 가장 높았다.

부동산 중개업의 홈스테이징 활용

몇 년 전 방문했던 일본 홈스테이징 강연장의 모습이 생각난다. 그 강연장에는 건설회사 내표 및 임직원들, 공인중개사, 일부 부동산에 관심 있는 사람들이 있었다. 홈스테이징이 주로 여성들이 하는 직업일 것이라고 생각했던 것과 달리 부동산에 관심이 있는 남성들이 주를 이루었다. 이들은 '잘 거래되지 않는 집을 어떻게 하면 빨리 매각할 수 있을까?'에 대해 고민했다.

일본에서 홈스테이징이 인기를 끌기 시작한 이유는 부동산 중개 시 텅 비어 있는 상태보다 가구나 소품 등으로 이상적인 생활을 연출함으로써 단기간에 입주자를 모집할 수 있기 때문이었다. 또한 살면서 집을 내놓고 싶은 경우, 홈스테이징을 통해 판매자가 이상적인 생활을 하는 모습을 보여줌으로써 구매 의욕을 높이는 것이다.

다음 그래프에 제시한 바와 같이 부동산 중개소에서 홈스테이징을 도입해 활용하는 것으로는 매매물건(86.5%), 임대물건(32.7%),

부동산 중개소의 홈스테이징을 도입한 부동산 매물

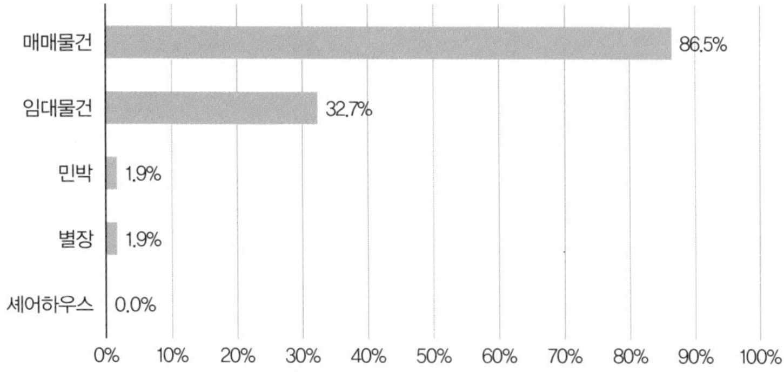

출처: 일본 홈스테이징백서(2020)

민박(1.9%)순으로, 매매물건에 많이 활용되었다.

부동산 중개소의 업무는 대부분 중개업무(86.5%)지만, 매물을 그저 부동산 광고시장에 내놓지 않고 해당 매물의 장점을 최대한 부각할 수 있도록 기존 부동산 중개소 내에 새로운 홈스테이징 사업부를 신설해 직접 홈스테이징을 해서 판매했다.

이러한 부동산 중개소에서는 기존 사업부에 홈스테이징을 두어 직접 운영하는 경우(78.7%)와 아웃소싱으로 홈스테이징을 하는 경우(10.6%) 두 가지로 활용했다. 한국에서 아직 홈스테이징의 개념이나 활용적 측면이 미흡하지만 이러한 부분에서 활용해볼 수 있다.

부동산 임대업의 홈스테이징 활용

일본에서 홈스테이징은 2013년에 도입되어 5년 정도의 개념 확

부동산 임대업의 홈스테이징을 도입한 부동산 매물

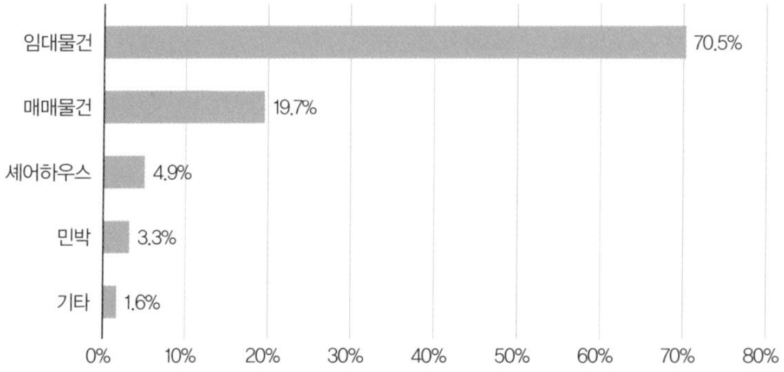

출처: 일본 홈스테이징백서(2020)

산기를 거쳐 지금은 도입하는 기업 수가 1년에 10배 속도로 증가하고 있다. 부동산 임대업에서도 부동산 중개업과 같이 기존 사업부에 홈스테이징을 도입하는 경우(52.5%)와 부동산 소유자가 직접 홈스테이징을 하는 경우(25.0%)로 기존 사업부에 홈스테이징을 도입하는 사례가 증가했다.

위 그래프에 제시된 바와 같이 부동산 임대업에서 주로 다룬 홈스테이징 매물은 임대물건(70.5%), 매매물건(19.7%), 셰어하우스(4.9%), 민박(3.3%), 기타(1.6%)다. 그중 특이점은 임대물건이 주를 이루지만 셰어하우스에도 적용하는 사례가 나타나고 있다는 점이다. 한국에서도 단기임대와 셰어하우스를 이용하는 사용자가 늘고 있어 부동산 임대업에서 홈스테이징을 도입하는 사례가 증가할 것으로 기대된다.

홈스테이징은 처음 미국에서 부동산을 빠르게 매매하기 위해 등장하였다. 그러나 지금의 홈스테이징은 매매에서 임대로 영역을 확장하고 있다. 또한 홈스테이징은 매매·임대의 부동산업에서 셰어하우스·민박의 숙박업으로 확장성이 기대된다.

가구 유통업, 가구·소품 판매로 인한 수입 증가

홈스테이징 이후 연출에 활용된 가구 소품을 판매하는 경우를 살펴보면, 가구(73.4%), 조명(51.9%), 커튼(50.6%), 장식소품(39.2%)으로 매매나 임대물건에 있어 공간을 연출한 가구소품은 대부분 판매가 되는 것으로 나타났다.

이러한 조사는 홈스테이징이 단순히 청소나 정리가 아닌 공간을 잘 팔릴 수 있게끔 세일즈 포인트를 만들고, 이를 시각적 판매촉진전략으로 기획하는 고도의 전문기술이 발휘된 결과다. 따라서 홈스테이징은 공간 컨설팅 비용뿐만 아니라 가구소품의 판매까지 이루어져 더 많은 수익을 창출할 수 있다. 따라서 한국의 홈스테이징에서는 가구 및 소품유통업과 협업해 소득 창출을 위한 새로운 방안을 모색할 수 있다.

2장

부동산, 전략적으로 접근하라

홈이 아닌 하우스로 만들어라

가치 있는 상품으로서의 '하우스'

일본에서 홈스테이징에 대해 공부할 때, 가장 매력적으로 와닿은 부분은 '홈을 하우스로 만드는 것'이었다. 나는 일상적으로 생활하고 있는 홈과 하우스를 같은 개념으로 여겨왔다. 그러나 '홈'은 나의 손때 묻은 인테리어 소품, 추억의 사진들, 오랜 시간 나와 함께한 가구 등 개인의 에피소드와 라이프스타일이 묻어난 것들이다. 그리고 '하우스'는 개인의 에피소드와 생활이 묻어난 것을 모두 제거하고 주택을 가치 있는 상품으로서 만든 것이다.

홈스테이징에는 홈의 개념이 전혀 필요 없다. 상품을 보러 오는 고객 중심의 사고가 필요하다. 다시 말해서 홈스테이징은 상품으로서의 집에 대한 접근이 필요하다. 그렇다면 상품으로서의 하우스는 어떻게 만드는 것일까?

먼저는 판매자가 현재 거주하고 있는 집을 판매하고자 한다면, 집을 '팔아야 하는 상품'으로 생각해야 한다. 누군가가 이 집을 보러 왔을 때 사고 싶은 마음이 들도록 판매자가 만드는 것이다. 두 번째는 가족의 추억을 버려야 한다. 고객의 입장에서 집을 보면 자신이 여기서 살고 있는 모습이 전혀 상상되지 않기 때문이다. 세 번째는 상품으로서 최소한의 수리만 한다. 이것은 구입을 희망하는 고객의 심리를 파악한 것으로 집을 둘러보러 왔을 때 깨지거나 무너진 것이 보인다면 사고 싶은 마음이 사라질 것이다. 이러한 방법을 통해 판매자는 고객이 사고 싶게, 살고 싶게 만들어야 한다.

홈, 팔아야 하는 상품이다

홈스테이징은 판매자(매도인, house seller)가 지금까지 생활해왔던 집을 팔아야 하는 상품으로 바꾸는 것이다. 많은 판매자들은 매물을 내놓을 때 '자신의 집이 상품이 된다'는 의식이 없이 현재 생활하고 있는 상태 그대로의 모습으로 내놓는다. 마치 집을 알몸 그대로 보여주는 것처럼 널부러진 옷과 짐들, 지저분하고 산만한 상태 그 자체로 현재 집주인의 생활 상태를 보여주었다. 심지어 공실은 청소도 전혀 되어있지 않아 먼지와 쓰레기가 그대로 쌓여있는 경우도 있다. 누구나 이런 일을 한 번쯤은 경험했을 것이다.

홈스테이징은 맨 처음 정리정돈과 청소를 한다. 아무것도 정리가 되지 않은 집은 상품으로서 구매자의 마음을 끌어당기지 않는,

산만하고 너저분한 상태의 매물

즉 상품이 되어있지 않다는 것을 의미한다.

일본의 경우, 매물로 내놓는 집이 지저분하면 부동산 중개소에서 고객을 모시고 그 집을 방문하려 할 때 판매자는 아직 집이 정리되지 않았으니 다음에 오라고 한다. 내놓는 집이 정리가 되지 않아 산만한 상태인 경우, 판매자는 이렇게 몇 번 방문을 거절하고, 부동산 중개소는 한두 달 정도 방문 실패를 하는 경우가 많다. 일본 사람들은 어렸을 때부터 자기 주변의 짐을 정리하거나 청소하는 것에 대해 자신의 기본 마음가짐과 정신수양으로 여겨 청소와 정리가 생활 속에 묻어있다. 그래서 매물로 내놓는 집도 산만하거나 청소가 안 된 상태 그대로 방문 고객에게 보여주지 않는다.

가족의 추억을 버려라

단언컨대 홈스테이징은 '생각'에서 시작한다. '이 집을 정말 팔고 싶은지, 언제까지 팔고 싶은지, 얼마 정도에 팔고 싶은지' 구체적으로 계획을 짜고 생각을 해야 한다. 앞으로 불특정 다수의 구매 예정자들이 집을 구경하러 올 것이기 때문이다.

그러나 내가 부동산 경매 등으로 매물을 보러 임장활동을 가면, 불특정 다수의 고객이 방문해야 하는 집이라는 느낌이 전혀 들지 않는 경우가 많았다. 특히 판매자의 가족에 대한 애뜻한 사랑과 추억이 담긴 물건들로 즐비한 경우가 많았다. 예컨대 다음 사진처럼 분재나 식물을 좋아하는 판매자의 집을 가보면, 현관부터 거실, 베란다, 부엌 곳곳에 식물들이 있다. 그리고 신혼 때 찍은 웨딩사진이나 아이들이 성장하면서 하나씩 찍어둔 사진들이 침실과 거실에 빼곡히 진열되어 있는 경우를 보게 된다. 가족의 추억과 사랑이 묻어나는 것이지만 구매 예정자들에게는 오히려 그 집의 장점을 보지 못하게 한다.

어느 집이나 대부분 기존 상태로 매물을 부동산 시장에 내놓는 경우가 많다. 한국도, 영국도, 미국도 여전히 그러한 상태로 내놓는 물건이 많다. 왜 그럴까? 이것은 그 물건에 대한 애착이 강하기 때문이다. 즉, 추억에 대한 애착이 너무 커서 이를 버리지 못하는 것이다. 하지만 홈스테이징을 하기로 마음먹은 판매자는 제일 먼저 추억의 물건들을 버려야 한다. 가치를 높여 가격을 높여야 하는 상품으로서 집을 인식해야 한다. 경우에 따라 팔릴 때까지 생활의 불편도 감수해야 한다. 가족이 편안하게 누워서 생활하던 소파도 거실에 나와 있던 잡다한 책장들도 모두 매물로서 잘 팔리기 위해 치워야 한다.

가족의 추억이 담긴 물건들

거주 공간에 가득한 판매자의 추억은 다음으로 이사할 그곳으로 함께 가져가는 것이다. 가능한 한 높은 가격과 희망하는 시기에 집을 팔고 싶다면 집을 매력적인 상품으로 만들어야 한다.

상품으로서 최소한의 수리만 하라

중고차를 팔 때 판매자는 세차를 하고, 왁스를 칠하며, 고장 난 부분은 수리를 한다. 마찬가지로 집을 최대한 비싸게 또는 원하는 시기에 팔고 싶다면, 내놓기 전에 집을 고쳐서 상품화를 할 필요가 있다.

가끔 "홈스테이징과 인테리어는 뭐가 다른가요?" 하고 물어보는 경우가 있다. 홈스테이징도 수리해야 할 부분이 있으면 고치는 경우도 있다. 판매할 물건에 시간을 얼마나 투자할지, 얼마 정도의 높은 가격으로 팔지 구체적인 세부계획에 따라 바닥이나 욕실 등 부분 리모델링이 들어가기도 한다. 판매자가 오랫동안 한 곳에서 거주한 경우에는 매물의 상태가 많이 낡은 상태다. 그래서 시대 흐름에 맞지 않는 너무 오래된 스타일의 벽지나 장판 등의 마감재가 있는 경우 일부 제거를 한다.

다음 사진처럼 패브릭으로 된 아트월은 먼지나 청소 때 불편함도 있지만, 패브릭 아트월 때문에 물건의 가치가 제대로 평가되지 않거나 오랫동안 거래되지 않을 가능성이 크다. 그런 경우, 과감하게 아트월을 철거하도록 한다. 홈스테이징은 최소한으로 수리할 곳을 수리하는 것이지 전체를 다 수리하지 않는다. 그렇다고 해서 전혀 안 하는 것도 아니다. 딱 물건으로 팔릴 수 있게끔 최소한의 수리만 한다는 것이다.

화려한 꽃무늬의 패브릭 아트월로 장식된 거실

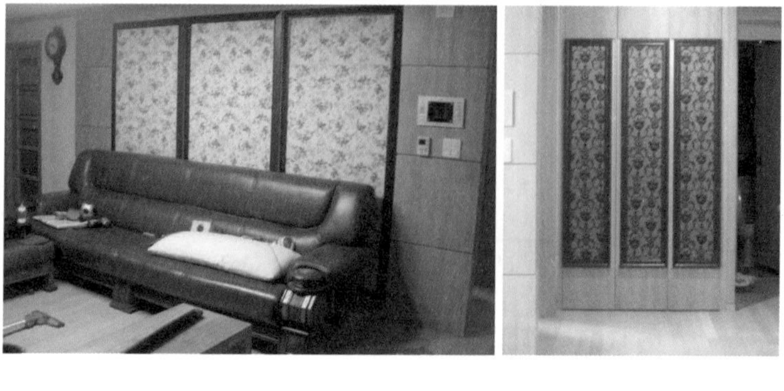

구매 이후의 집을 상상하도록 메시지를 전하라

고객에게 전해야 하는 두 가지 메시지

집을 상품으로 여기는 인식 전환을 했다면 그 후로는 구입을 희망하는 고객의 입장에서 봐야 한다. 고객은 '지금 당장 이곳에 이사오면 살기 좋은 곳일까?' 하고 상상한다. 그리고 '향후 이 집에서 오랫동안 머무르고 난 이후 매물로 내놓았을 때 부동산 가치가 더 오를까?' 하는 상상을 한다.

그래서 홈스테이징은 인테리어 디자인과 다르게 구매 예정 고객에게 구입 이후의 집을 상상하도록 두 가지 메시지를 전해야 한다. 매물로 나온 이 집은 구매자에게 보다 더 나은 삶을 누리게 해줄 것이라는 메시지와 구입한 이후 다시 이 매물을 내놓을 때 자산의 가치를 올려줄 것이라는 메시지다. 이러한 두 가지의 메시지를 고객에게 전달하기 위해 어떻게 전략적으로 접근해야 할까?

집, 당신의 좀 더 나은 삶을 제공한다

고객을 맞을 아무런 준비가 되지 않은 채 방치된 공실의 매물과 이곳에 이사를 오면 어떠한 삶을 제공할지 이미지를 상상하게 만드는 매물을 비교해 보면, 홈스테이징을 거친 매물이 훨씬 더 매력적으로 메시지를 전달한다는 것을 알 수 있다. 이러한 메시지는 처음 방문한 고객이 집에서 느끼는 첫인상으로서 '생활방식'과 '생활방식을 영위하기 위한 공간의 크기'에서 파악된다.

고객은 구매 이후의 라이프스타일을 사는 것이다

구매 예정자가 구입을 결정할 때 첫 번째로 생각하는 것은 '구입 이후의 라이프스타일이 느껴지는가?'이다. 그것은 집을 보러 갔을 때, 따뜻하게 맞아주는 집과의 인연을 느끼는 것이다. 아무것도 없는 채로 공간만 있는 집이라면 차갑기만 할 뿐, 매력은 없다고 느껴지게 된다.

다음의 좌측 사진처럼 공실로 매물을 부동산 시장에 내놓게 되면 구매자가 이 매물을 구입하고 난 이후 어떠한 삶을 살 수 있을지 상상할 수 없다. 그러나 우측 사진처럼 가구와 소품으로 홈스테이징을 하고 매물을 내놓는다면 이 매물을 보러 갔을 때 구매 이후의 라이프스타일을 느낄 수 있을 것이다.

구매 이후의 라이프스타일은 단순히 생활방식뿐만 아니라 소득수준, 취미, 취향 등을 반영한다. 홈스테이징 이후의 사진에서는 중상류층 이상의 생활문화를 느낄 수 있을 것이다. 이처럼 집은

홈스테이징의 전(좌)과 후(우)

출처: elitestagingandinteriors.com

'좀 더 나은 삶을 제공해줄 것'이라는 메시지가 묻어나도록 세심하게 분석한 홈스테이징을 해야 한다.

고객은 가구를 통해 집의 크기와 규모를 상상한다

어떤 이유로든 비어 있는 집이 있다. 미분양된 아파트이거나 세입자를 받지 못해 빈집으로 방치된 경우도 있다. 이런 빈집을 구매 예정자가 방문한 경우, 가구가 없으면 실제 방의 크기와 넓이를 알기 어렵고, 이사를 오고 난 이후 이 집에서 공간을 어떻게 활용할 수 있을지 상상하기 어렵다. 또한 이런 매물의 경우 부동산 중개사가 그 매물에 대해 설명하는 것이 더 어려울 것이다.

좁다고 생각되는 구조라도 최대한 그 안에서의 생활을 장점으로 끌어낼 수 있도록 가구와 집기들로 배치를 해야 한다. 테이블과 의자라도 놓아두면 그곳을 방문한 고객은 어느 정도의 공간이 남는지 한눈에 사진처럼 머릿속에 넣을 수 있고, 실제 생활의 이미지를 떠올리게 되고 상상하게 된다.

집, 자산의 가치를 올려준다

구매 이후의 집을 상상하는 고객이 집을 바라보는 시점으로 내부적 시점과 외부적 시점이 있다. '내부적 시점'은 앞서 다룬 라이프스타일과 공간의 크기에 대한 것으로 그 집안에서 느끼는 이미지에 대한 상상이다. 반대로 '외부적 시점'은 구매를 하고 그곳에서 거주하고 난 이후 고객이 누리게 되는 주변 인프라를 말한다.

인프라(infra)는 사회적 생산 기반을 뜻하는 '인프라스트럭처(infrastructure)'의 줄임말로서 '경제활동의 기반을 형성하는 기초적인 시설과 시스템'을 말한다. 원래는 도로, 철도, 항만, 공항과 같이 경제활동에 밀접한 사회 자본을 가리키는 말이었으나, 최근에는 학교, 병원, 공원과 같은 사회복지 생활환경시설들을 포함한 '생활 인프라'와 영화, 레저, 공연 등의 '문화 인프라' 등으로 사용한다.

홈스테이징을 하는 경우에도 구매 이후 고객의 자산 가치를 올려주기 위해 대상 고객층에 따라 다르게 접근해야 한다.

첫 번째, 생활 인프라를 선호하는 대상층이다. 고령층 고객의 경우 종합병원이 근처에 있는 곳, 초·중등학생이 있는 고객의 경우 학교와 학원이 근처에 있는 곳을 선호한다. 그리고 반려동물과 함께 사는 고객은 공원을 끼고 있는 곳을 선호한다. 특히 반려동물과 함께 사는 고객은 퇴근하고 난 이후 저녁에 반려동물과 산책을 하거나 주말에 공원으로 나가 운동을 즐기는 삶을 상상한다. 따라서 생활 인프라를 선호하는 고객을 대상으로 홈스테이징을 할 때 이러한 집 주변의 편리한 생활에 대해 분석을 하고, 해당 매물의 공간에서도 고객에게 매력적인 메시지를 전달해야 한다.

두 번째, 문화 인프라를 선호하는 대상층이다. 고용정보원의 〈지역의 일자리 질과 사회경제적 불평등 보고서(2019)〉에 의하면 좋은 일자리가 서울·경기권에 집중되어 있고, 그중 서울의 강남에 몰려있다고 한다. 도시 인프라도 몇 년째 서울의 강남으로 대물림되고 있다고 한다. 젊은 사람들이 강남을 선호하는 이유는 교통의 편리성뿐만 아니라, 영화·스포츠·레저·연극 및 음악 공연 등 다양한 문화를 근거리에서 즐길 수 있고 직장과 가까운 곳에 거주하게 되어 퇴근 이후 여유로운 문화를 누릴 수 있기 때문이다. 최근 강남의 일부 아파트는 영화관과 글램핑장, 음악 공연실 등 주거부터 레저까지 한 번에 해결할 수 있는 곳이 등장했다. 이들은 한적한 숲이나 공원보다 공연과 스포츠, 미술관 등 좀 더 남들과 다른 라이프스타일에 중점을 둔 것이다. 같은 주민들끼리 프라이빗한 소규모 모임을 가지는 등 차별화된 고급문화를 즐기는 고객층이 나타나고 있다. 따라서 이러한 문화 인프라를 즐기는 고객을 대상으로 한 홈스테이징에서는 해당 매물의 공간에 레저·영화·공연 등을 함께 즐길 수 있는 것들에 대해 메시지를 전달해야 한다.

거주자의 유무에 따른 집의 연출

거주자가 있는 집, 개성을 제거하라

홈스테이징의 기본은 구매자가 호감을 가질 만한 집을 만드는 것이다. 홈스테이징은 크게 거주자가 있는 매물과 거주자가 없는 매물로 나뉜다. 거주자의 유무에 따라 연출도 달라야 한다.

거주자는 집을 부동산 시장에 내놓은 기간 동안 상품이라고 생각하고, 최대한 물건이 잘 팔리도록 어필하기 위해 마치 영화의 세트장처럼 스테이징한다는 것을 의식해야 한다. 그리고 이 경우, 살고 있는 거주자의 개성을 최대한 제거하는 것이 핵심이다. 세계적인 건축가 미스 반 데어 로에(Mies van der Rohe)가 말한 "Less is more(간결한 것이 더 아름답다)"처럼 판매를 위한, 구매 예정자에 맞는 타당성 분석이 끝나면, 거주자의 개성이 있는 가구와 소품들을 하나씩 제거한다.

그리고 이것은 부동산의 가치를 더 끌어올리기 위해 홈클리닝, 정리정돈, 간단한 가구 배치로 마무리한다. 여기서 중요한 포인트는 과도하게 현재 생활하는 거주자의 생활감을 드러내면 안 된다는 것이다. 그렇다고 무미건조하게 보일 정도로 말끔히 청소할 필요도 없다. 딱 판매하기에 적당한 상태로 만들어내는 것이다. 일부의 판매자는 매물이 팔릴 때까지 생활의 불편함을 감수하기도 한다.

아래 두 사진을 비교해보자. 왼쪽의 사진은 거주자의 입장에서 편리와 개성을 그대로 드러내어 소파나 소품을 배치한 것이다. 또한 정리도 되어있지 않다. 그러나 오른쪽의 사진을 보면 매물이 청결한 상태이고, 거주자가 일부 불편함을 감수하면서 소파를 새롭게 배치했으며, 거기에 구매자에게 호감을 줄 만한 액자와 소품으로 연출했다.

왼쪽 사진처럼 최소한의 청소도 안 된 상태로 부동산 시장에 나

거주자가 있는 집의 연출 전(좌)과 후(우)

출처: julea.com

와 전혀 상품이 되지 못한 집들이 실제로 많다. 그러나 돈을 많이 안 들이고 상품으로서 가치 있어 보이게 하는 방법 중 제일 쉬운 것이 청소와 정리정돈이다. 그리고 구매 예정자를 타깃으로 해 그에 어울릴 만한 액자나 인테리어 소품을 준비해 공간의 분위기에 맞게 연출을 하는 것이다. 바닥에 널브러진 잡다한 것을 청소하고 오른쪽 사진처럼 가구의 배치와 약간의 분위기에 맞는 인테리어 그림만 걸어도 분위기는 바뀐다.

거주자가 없는 집, 개성을 더하라

구매자의 시점에서 '이곳에서 살고 싶다'는 마음이 생기도록 하는 것이 가장 중요한 핵심이다. 그러나 팔려고 내놓은 매물에 어떤 이유로든 공실이 생기면, 더 돈을 들이려 하지 않는 것이 이제까지 생각해온 방법일 것이다. 매각을 위해 물건의 가치를 높이는 것이 홈스테이징의 첫 번째 목적이다. 홈스테이징이 리폼은 아니다. 필요한 비용은 큰 금액이 아니다.

거주자가 없는 매물의 경우, 구매 예정자의 소득수준, 라이프스타일, 연령대 등을 분석해 상품으로서 연출을 한다. 이 경우, 홈스테이징은 최대한 구매 예정자가 상상할 수 있도록 개성을 더하는 것이다.

다음 사진은 홈스테이징을 하지 않은 경우와 하고 난 이후의 모습을 대조한 것이다. 먼저, 왼쪽의 빈 공간은 구매 예정자가 상상

거주자가 없는 집의 연출 전(좌)과 후(우)

출처: www.broadway-platinum.com/home-staging

하기 어렵다. 그러나 비어 있는 이 공간에 주변 입지 분석 등을 통해 타 지역으로 단기출장을 온 남성 직장인을 타깃으로 설정해 모던한 소파와 벽걸이TV, 간단한 장식화병, 액자, 스탠드 조명으로 분위기를 연출해 심플함을 강조했다. 그래서 고객이 이곳에서 다른 가구나 소품의 장식 없이 들어올 수 있도록 한 것이다.

스테이징을 위한 적절한 가구나 소품이 없을 경우, 때로는 연출된 공간에 맞는 가구나 소품들을 일정 기간 렌털하기도 한다. 그리고 이후 구매 예정자가 매물을 둘러보고 마음에 들면, 매물과 함께 가구와 소품들을 파는 경우도 있다.

부동산 매물에 개성을 더하는 방법들은 입지 분석부터 구매 예정자를 대상으로 선정할지 여부 등 분석해야 할 요소가 많고, 사례에 따라 각각 달라진다.

단점을 장점으로 승화시키다

첫인상이 중요하다

홈스테이징은 매물에 대한 '첫인상 효과(primary effect, 초두 효과)'를 만들어주는 것이다. 첫인상 효과는 심리학에서 주로 사용되는 용어로 먼저 제시된 정보가 추후 알게 된 정보보다 더 강력한 영향을 미치는 현상을 말한다. 첫인상을 바꾸려면 40번을 만나야 한다고 한다. 그만큼 첫인상이 중요하다.

미국의 뇌 과학자 폴 왈렌(Paul J. Whalen)은 "우리는 뇌의 편도체를 통해 0.1초도 안 되는 극히 짧은 순간 상대방의 호감도와 신뢰도에 대해 평가를 내린다"라고 했다. 우리가 낯선 상대방에 대해 평가하는 데에 0.1초밖에 걸리지 않는 것이다. 이와 같이 처음 접하게 되는 부동산 매물에 대해 고객은 0.1초에 좋은 매물과 그렇지 않은 매물을 바로 판단하게 된다. 그래서 부동산도 첫인상이 중요하고, 그 첫인상은 홈스테이징으로 해결할 수 있다. 또한 홈스테이징은 부동산 매물의 단점을 장점으로, 부정적 요소를 긍정적 요소로 끌어올릴 수 있다.

포컬 포인트로 단점을 장점으로 끌어올려라

집에 포인트가 되는 것이 아무것도 없으면, 고객은 안 좋은 부분에 시선이 집중된다. 즉, 바닥의 상처나 벽지의 변색, 창틀의 노후 등으로 시선이 갈 수밖에 없다. 이런 경우, 고객의 시선은 물건의 마이너스 요소에 더 집중하게 된다. 그러므로 구매자가 매물의 장점을 찾아서 인연을 느낄 수 있도록 단점의 요소가 눈에 띄지 않도록 하면서, 장점의 요소를 끌어내야 한다.

홈스테이징의 핵심 요소는 마이너스 요소를 감추는 것이 아니라 '마이너스 요소에만 집중되지 않도록 하는 것'이다. 그래서 포컬 포인트(focal point, 초점)가 중요하다. 즉 포컬 포인트를 만들기 위해서는 가장 중요한 포인트만 장식하고 그 외의 공간은 비워두거나 장식을 하지 않고 정리정돈으로 마무리한다. 이러한 포컬 포인트에는 자연스럽게 사람의 시선이 머물게 된다.

집을 방문한다면 포컬 포인트는 현관에 들어섰을 때 정면으로 보이는 벽이나 선반이 될 것이다. 특히 현관은 매물의 첫인상을 좌우하는 중요한 장소가 된다. 자연히 눈이 가는 정면 벽이나 선반에 식물이나 오브제, 그림 등을 장식해 좋은 이미지를 만들어줄 수 있

포컬 포인트 요소

출처: 《ホームステージング》, 2015

다. 또한 사람들이 오랫동안 머무는 거실이나 공용 로비에는 포컬 포인트가 될 수 있는 그림 액자나 꽃, 플로어 스탠드 등으로 장식해 상품으로서 최대한 장점을 부각시킬 수 있도록 가치를 끌어올린다.

가구나 소품을 정리하고 배치가 끝난 다음 포컬 포인트를 만드는 게 효과적이다. 하나의 공간에 세 곳 정도까지 포컬 포인트를 두면 충분하다. 너무 많이 두면 잡다한 인상을 주어 오히려 역효과를 줄 수 있다.

향기로 부정적 이미지를 바꾸다

홈스테이징은 구입을 생각하고 있는 고객의 시점으로 생각해야 한다. 어떤 매물을 고객이 마음에 들어 할지, 고객이 행복하고 새로운 생활을 하는 상상을 할 수 있을지, 매력적인 공간으로 만들기 위해서는 어떻게 해야 좋을지 등을 늘 생각해야 한다.

홈스테이징을 할 때, 확실히 체크하고 가야 할 네 가지 요소가 있다. 첫째, 구매자의 시선에서 물건을 체크한다. 둘째, 장식이 아니라 연출을 한다. 셋째, 포컬 포인트로 정리한다. 이 세 가지는 시각적인 요소를 정리하는 것이다. 그리고 넷째, 향기와 같은 후각적인 요소를 정리한다.

구매 예정자가 매물을 구경할 때 '냄새'도 첫인상을 좌우하는 중요한 포인트가 된다. 특히 거주자가 있는 매물의 경우, 요리 냄새가 남아 있거나 애완동물 냄새가 나거나 하는 등 아무래도 실내에서 생활하는 냄새가 남아 있기 마련이다. 신축 건물의 경우에도 건축 자재의 독특한 냄새가 남아 있는 경우도 있다.

일례로 내가 경매로 임장활동을 갔던 적이 있었다. 서울의 강북 지역으로 역세권에서 버스로 20분 거리이고, 경사진 언덕에 아파트가 자리 잡고 있었다. 위치상으로 다소 멀어 불편한 점은 있었으나 아파트 주변에 산이 있어 숲세권으로서 경치가 훌륭했다. 경사진 언덕에 입지한 부동산 매물은 최상층의 계단식 아파트로 일부가 스킵 플로어(skip floor, 건물 각층의 바닥 높이를 일반적인 건물과 같이 1층분의 높이만큼 높이지 않고, 반층씩 차이나게 설계하는 방식) 형식이었다.

인근 부동산 중개사와 함께 아파트를 방문한 순간 나는 깜짝 놀랐다. 전망 좋은 뷰는 전혀 눈에 들어오지 않았다. 그저 집에 널브러진 옷과 짐들, 거실 한쪽에 펼쳐진 빨래건조대의 옷들, 청소를 한 지 일주일은 지난 듯한 지저분한 것들이 먼저 눈에 들어왔다. 그리고 오랫동안 환기가 되지 않아 음식물 냄새와 애완동물 냄새,

그리고 특유의 여러 냄새가 섞여 참을 수 없는 냄새가 났다.

나는 그 매물을 보러 가기 전에 '좋은 숲 전망을 봐야겠다'고 생각했지만 막상 그 집에 방문하고 나서 바로 그러한 생각이 사라졌다. 이처럼 집에 안 좋은 냄새가 많이 나는 경우도 부정적인 이미지를 만들 수 있다. 그래서 이런 집을 보고 나오면 안타깝다는 생각이 든다. '홈스테이징만 했었어도 좀 더 높은 가격을 받을 수 있을 텐데' 하는 아쉬움이 남았다.

이런 경우는 어떻게 해결을 해야 할까? 매물을 구경할 때 냄새가 나지 않는 상태가 최고다. 생활 속 냄새가 남아 있는 경우 창문을 열어 환기를 시키거나 시중의 탈취 스프레이나 향초를 활용해 냄새를 줄일 수 있다. 향기 나는 스프레이도 있지만 향기의 기호는 연령이나 성별에 따라 다르기 때문에 너무 개성이 강한 향기는 마이너스 인상을 줄 수 있다. 방향제를 사용할 때는 자몽이나 레몬향 등 비교적 많은 사람들이 좋아하는 무난한 향을 선택하는 것도 좋다. 또한 구매 예정자가 구경을 하러 오기 전에 커피를 타서 생활 속 냄새를 경감시키는 것도 한 가지 방법이다.

다음 그림은 실내에서 사람에게 라벤더 향을 분사한 경우다. 향이 없는 경우의 뇌(A)와 향이 있는 경우의 뇌(B)를 비교해보면, 사람 뇌의 움직임이 확연히 다르게 나타난다. 이처럼 향기로 매물에 대한 긍정적 이미지를 심을 수 있다.

라벤더를 맡은 경우 뇌의 움직임

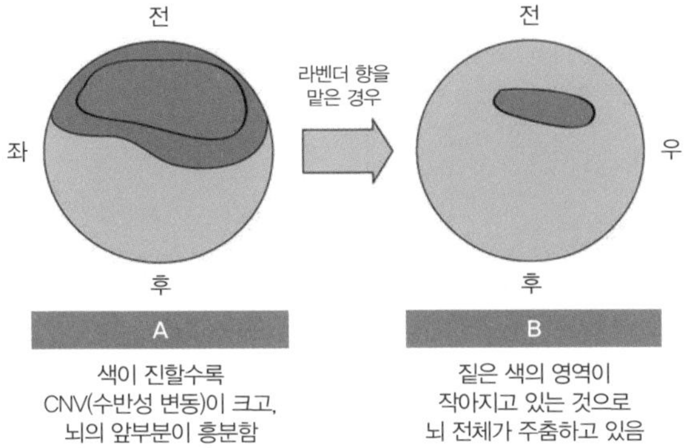

출처: 《インテリアと空間演出の基礎知識》, 2011

아래 도표는 일본의 한 조사 기간에서 연구한 데이터다. 실내공간에서 향기의 유무에 따라 사람의 자각 증상을 조사한 결과다. 그래프를 보면 향기가 있는 경우에 없는 경우보다 온몸이 가볍고 기

향기의 유무에 의한 자각 증상 조사 결과

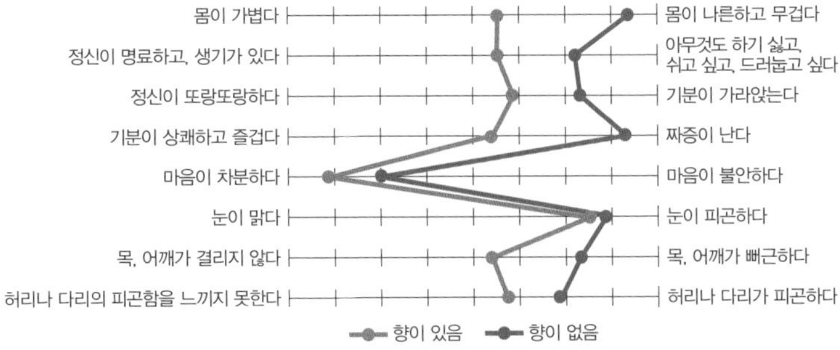

출처: 《インテリアと空間演出の基礎知識》, 2011

오피스 빌딩의 향기 프로그램

출처: 《インテリアと空間演出の基礎知識》, 2011

분이 상쾌하고 좋아지는 증상이 나타났다. 이처럼 처음 부동산 매물을 보러 오는 고객에게 첫인상을 부정적 이미지에서 긍정적 이미지로 끌어올리기 위해 향기를 활용하면 좋다.

위 그래프는 부동산 매물 중 오피스 건물에 시간대별로 향기 프로그램을 도입한 사례다. 아침 출근 시간에는 상큼한 시트러스향으로 몸과 마음을 가볍게 하고, 오전과 오후에는 플로럴 향으로 은은하게 해 몸과 마음을 이완시키고, 늦은 오후에는 우디향으로 피로를 푸는 것이다. 백화점이나 대형쇼핑몰에서는 이러한 향기 프로그램을 활용하는 사례가 많이 있다. 이처럼 매물을 구경하러 오는 구매 예정자를 위해 매시간별로 향기를 다르게 할 수도 있어 참고하면 좋다.

뺄셈의 미학, 더하지 말고 빼라

과한 장식은 빼라

홈스테이징은 장식을 하는 것이 아니다. 또한 본인이 좋아하는 스타일로 인테리어를 하는 것도 아니다. 자신만의 개성을 없애는 것이 제일 중요하다. 앞에서 언급한 것처럼 정리한다는 것은 공간에서 무언가를 하나씩 제거해간다는 것이다. 이것도 공간에서 상품으로서 가치를 올리는 방법이 될 수 있다. 그러나 더 중요한 것은 그 이후에 이루어져야 할 것으로 내놓는 매물에 뺄셈의 미학을 주는 것이다. 이것은 과감한 장식을 빼는 것과 화려한 색상을 빼는 것 두 가지 방법으로 할 수 있다.

매물을 내놓기 위해 내부를 장식한다고 할 때 하고 싶은 것, 해야 할 것 등이 생각날 것이다. 정리정돈 다음으로 중요한 것은 구매 예정 고객을 상정하고, 상품으로 가치를 올릴 수 있도록 과감한 장식을 빼고, 장식에 대한 고정관념을 버리는 것이다.

이때 디자인과 컬러, 인테리어, 건축 등의 지식을 총동원해야 한다. 하지만 매물을 위해 이러한 것들이 동원되는 것을 '장식을 더하는 것'으로 오해하기 쉽다. 어디까지나 매물을 팔기 위한 툴일 뿐, 장점을 드러내기 위해 과하게 장식해서는 안 된다. 과한 장식은 오히려 구입을 생각하는 고객의 관심을 멀어지게 할 수도 있다.

또한 해당 매물을 처음 구경하러 온 고객은 서있는 자세에서 공간을 둘러보기 때문에 판매자는 고객의 눈높이에서 매물을 바라보고, 공간의 분위기를 만들어가야 한다. 이때 가장 쉽게 할 수 있는 방법으로는 벽면부터 장식을 빼나가고, 다음으로 테마가 다른 것을 정리하는 것이다.

벽면부터 장식을 빼라

사람은 위치에 따라 시야가 변한다. 다음 그림처럼 사람이 서 있을 때 벽, 천장, 바닥 순으로 시야에 들어온다. 그중 사람의 시야에는 벽면이 가장 많이 들어온다. 그래서 과한 장식을 뺄 때는 먼저 벽면부터 제거한다. 벽은 실내 공간의 분위기나 인상을 결정하는 데 가장 큰 영향을 미치기 때문이다. 사람이 앉아서 실내를 둘러보는 경우, 시야는 천장보다 벽과 바닥으로 집중된다. 그래서 홈스테이징을 할 때 고객이 바닥에 있는 화려한 카펫이나 놀이용 매트로 시선이 가지 않도록 과감히 빼는 것이 좋다.

사람의 위치에 따른 시야의 변화

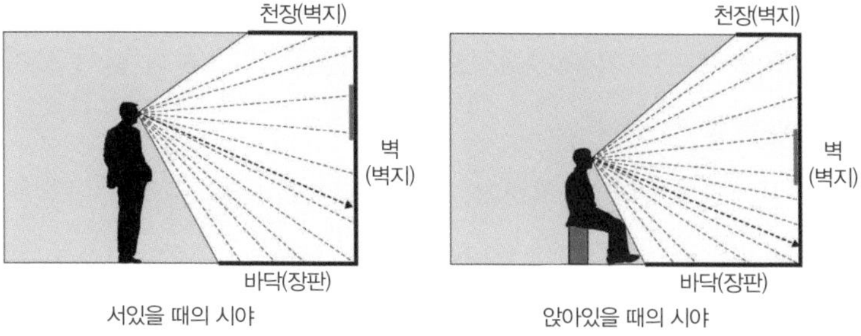

다음 사진은 천장이 낮아 천장과 벽이 한 번에 시야로 들어오는 경우다. 화려한 장식보가 설치되어 있고, 벽면에는 한때 유행했던 파벽돌로 장식되어 있다. 그러나 이러한 과한 장식은 고객이 매물에 대한 장점을 보지 못하게 한다. 만약 과한 장식을 제거하기 위한 철거가 어렵다면 간단한 방법이 있다. 천장의 장식보와 벽면의

화려한 장식보와 파벽돌 벽면

출처: CHSSP

파벽돌을 흰색 페인트를 활용해 칠하는 것이다. 비용도 저렴하고 시간도 하루 정도면 충분하다. 천장면과 보, 벽면의 기둥과 파벽돌은 모두 흰색으로 칠해 전체적으로 통일감을 주고 훨씬 넓어 보이는 효과를 줄 수 있다.

첫 번째로 벽면을 정리하고, 그다음으로 바닥의 화려한 마감재나 넓은 소파를 정리한다. 그러나 바닥을 교체하는 것은 많은 비용이 든다. 그래서 이때 좋은 방법은 넓은 면적의 카펫으로 부분 깔기를 하거나 넓은 소파 위에 차분한 색상의 패브릭으로 덮고 그 위에 쿠션으로 포인트를 주어 정리한다. 잊지 말아야 할 것은 고객이 서있을 경우나 앉아있을 경우 공통적으로 벽면에 시선이 제일 많이 간다는 것이다. 그래서 시간과 비용 대비 효과적으로 빠르게 상품으로서의 가치를 올리는 방법은 벽면부터 장식을 빼는 것이다.

인테리어는 트렌드다. 최근 인테리어의 트렌드 주기가 짧아지고 있어 패션처럼 일시적으로 왔다가 사라지는 패드(fad)의 경향이 나타나고 있다. 그래서 주변의 집이나 상가를 가보면, 인테리어를 할 당시에는 아름답고 독특할지 모르지만 금방 질리거나 싫증이 나는 경우가 많다.

다음 사진처럼 신혼 때 한번쯤 시도해본 꽃무늬 장식 벽지는 개인의 취향이 많이 반영된 것이다. 나도 한때 친구의 결혼 선물로 신혼집을 꾸며준 적이 있는데 화려한 장미꽃과 자작나무 패턴의 벽지로 거실과 부엌을 디자인해주었다. 누구나 이런 벽지는 한번쯤 보았을 것이다. 안타까운 것은 아직도 매물로 내놓은 집에 이러

화려한 꽃무늬와 자작나무 패턴의 벽지

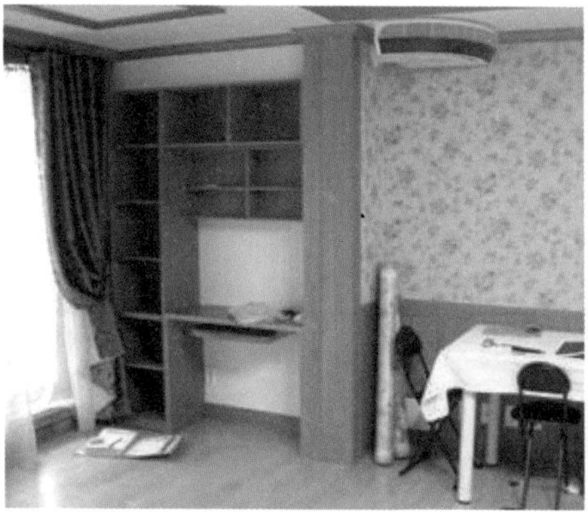

한 벽지가 많이 있다는 것이다. 그래서 임장활동을 가서 부동산 매물을 보면, 눈이 가지 않고 그냥 나오고 싶은 경우도 많다. 이것은 매물의 가격을 더 떨어지게 하고 오랫동안 나가지 않게 만드는 원인이 된다는 것을 명심해야 한다.

고객은 수직으로 선 자세에서 주위를 둘러볼 때 벽에 시선이 먼저 가고, 그다음으로 벽 앞에 놓여진 가구나 집기들로 이어진다. 그래서 "벽면부터 장식을 빼라"는 것은 벽면, 벽면의 앞, 벽면의 주변 순으로 시야를 돌려가면서 정리해야 할 영역을 넓혀 '입면(立面, elevation)을 정리하는 것'과 같다.

높이가 다른 것은 빼라

사람은 높이에 따라 시각적·심리적으로 다르게 느낀다. 높이

높이에 따른 시각적 · 심리적 효과

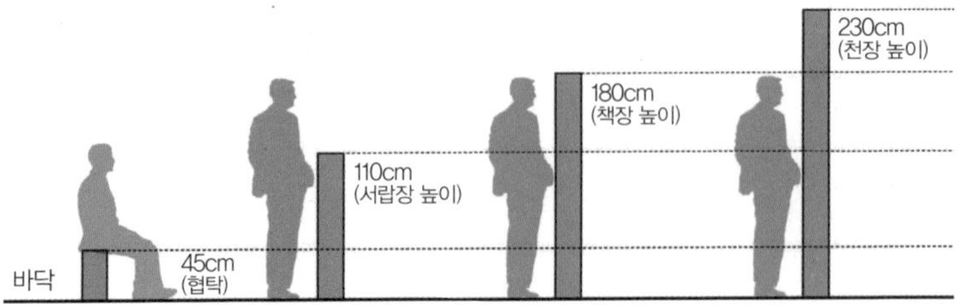

110cm 이하의 가구나 소품은 시각적으로 어떤 공간의 영역을 표시하거나 경계를 나타낼 뿐 사람이 공간적 분리를 느끼지 못한다. 그러나 180cm 이상이 되는 가구나 소품은 사람의 시선보다 높아 물리적·시각적으로 차단되어 보인다. 그래서 내놓는 매물에 공간을 시각적으로 차단시키거나 산만하게 하는 장식 요소가 있다면 과감히 빼야 한다.

다음 사진 중 좌측 사진은 흔히 보는 거실의 풍경이다. 낮은 거실장과 그 위에 올려진 TV, 벽 구석에 있는 높은 장식장은 공간에서 균형이 맞지 않고 산만하다. 이런 경우, 높은 장식장을 빼고 TV와 낮은 거실장으로 균형감을 살려 장식한다.

또한 우측 사진은 서재 겸 다용도실을 보여주는데, 매물로 내놓는 경우 공간의 역할을 정확히 주지 못한다. 이런 경우 구매 예정자들이 이 공간을 어떤 용도로 활용할지 목적을 명확히 주는 것이 좋다. 예를 들어 우측 사진을 서재 겸 집무실로 스테이징하는 경우, 넓은 좌식용 테이블은 크기가 맞지 않아 과감히 뺀다. 그리고

높이가 다른 가구

높이가 같은 두 개의 책장을 나란히 붙여 배치하고 여기에 책상을 책장과 수직으로 해 CEO의 사무실처럼 가구 배치를 한다.

테마가 다른 것을 빼라

위에서 다룬 높이에 따른 시각적·심리적 효과를 활용해 같은 테마끼리 소품과 가구를 그루핑해본다. 그러면 훨씬 공간이 안정적으로 느껴진다. 이때 테마에 맞지 않는 가구나 소품은 과감히 뺀다.

다음 사진을 보자. 화려한 팝아트 그림과 거칠거칠한 빈티지 액자, 내추럴한 긴 패브릭 소파, 겨울 콘셉트의 1인용 가죽 소파는 각각 다른 테마를 지니고 있어 공간이 더 산만하고 지저분해 보일 수도 있다.

이런 경우 하나의 테마로 정리하는 것이 좋다. 팝아트, 옵아트 등의 아트히스토리 콘셉트, 봄·여름·가을·겨울의 시즌 콘셉트, 프

여러 가지 테마가 혼재한 거실

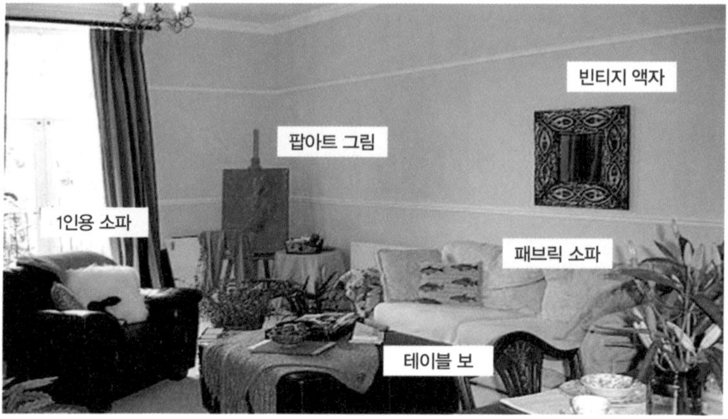

출처: CHSSP

랑스 남부지역의 프로방스나 초기 아메리카 등의 지역문화 콘셉트 등이 있다. 하나의 테마로 정해지면, 키가 큰 소품은 사람의 시야에 제일 먼저 들어오기 때문에 같은 테마끼리 그루핑한다.

또한 상품으로서 구매 예정자를 고려한다면, 이 공간은 벽지와 커튼의 컬러에 맞추어 내추럴한 테마가 가장 적절하다. 벽면의 빈티지 액자는 사람의 시선과 같은 높이여서 제일 먼저 눈에 들어온다. 이 경우 제일 먼저 뺀다. 그리고 거실 코너에 장식된 팝아트의 빨간색 그림은 내추럴한 테마와 달라 제거한다. 바닥에 놓여있는 넓은 면적의 가죽 스툴은 계절적으로 맞지 않아 빼거나 패브릭 소파와 같은 느낌의 내추럴한 패브릭으로 덮어주면 테마를 맞출 수 있다. 내추럴한 테마에 맞추어 패브릭 소파와 같은 무드의 액자를

내추럴 콘셉트의 테마로 정리한 거실

출처: CHSSP

수평으로 걸고 공간에 불필요한 가죽 소파는 다른 곳으로 이동하였다. 그리고 같은 내추럴한 테마의 소파 테이블과 장식소품으로 연출해 마무리했다.

화려한 색상은 빼라

과감한 장식이 빠지고 어느 정도 공간이 백지 상태처럼 정리가 되면, 손님의 눈길을 끌 수 있도록 군데군데 색상으로 공간의 표정을 만든다. 그러나 여기서 중요한 것은 대상 고객에 맞추어서 진행해야 한다는 것이다. 예를 들어, 20~30대는 개성 있는 힐링 공간을 선호한다. 그래서 힐링 공간을 만들기 위해 전반적으로 화이트

구름 모양 벽지와 동물 캐릭터 커튼 사례

컬러를 주조색으로 하고, 여기에 부분부분 힐링의 콘셉트을 줄 수 있는 초록색 화분이나 노란색의 액자, 쿠션 등으로 장식한다. 또한 40~50대는 우아한 엘레강스 스타일을 좋아하는 세대여서 화려한 색상을 과감하게 빼는 것이 무엇보다 중요하다.

위 사진처럼 아이가 어렸을 때, 동화 속을 연상케 하는 구름 모양 벽지와 동물 캐릭터 띠지와 커튼은 어느 집에서나 한번쯤 꾸며 보았을 것이다. 그러나 이 매물을 내놓기 위해 생각해봐야 할 것이 있다. '저 하늘색 벽지와 알록달록한 동물 캐릭터의 커튼은 어떤 고객이 마음에 들어할까?' 하는 것이다. 공간에서 화려한 색상을 제거할 때는 그 공간에 보이는 천장, 벽, 바닥의 컬러도 있지만 공간에서 넓은 면적을 차지하는 커튼이나 가구의 색상도 포함된다.

실내공간에서 화려한 색상을 제거하는 이유는 구매 예정자의 성별 및 연령에 따라 선호도가 달라질 수 있기 때문이다. 그래서 실내공간에서 손쉽게 할 수 있는 방법이 색상을 활용하는 것이다.

최소의 비용으로 최대의 효과를 살려라

단점을 최대한으로 커버한다

홈스테이징은 인테리어를 위한 것이 아니다. 따라서 인테리어에 드는 시간을 최대한 줄여야 한다. 만약 인테리어가 부분적으로 필요하다면, 담당자와의 충분한 사전 협의를 통해 물건으로서 가치를 올릴 수 있는 부분에 집중하고 나머지 부분은 공사의 범위를 줄인다. 왜냐하면, 이것은 상품으로서의 집을 판매하기 위한 것으로 최소한의 비용으로 최대의 장점을 살리는 것이 키 포인트이기 때문이다.

홈스테이징은 단점을 최대한 커버할 수 있는 인테리어면 충분하다. 다음 사진을 보면, 옥탑에 있는 욕실의 경우 공간이 굉장히 협소하다. 인테리어 업자라면 옥탑 내부를 다 철거하거나 욕조를 해체해 샤워부스를 설치하는 작업을 진행했을 것이다.

홈스테이징 없이 나온 매물

출처: CHSSP

그러나 홈스테이징은 최소한의 비용으로 최대의 효과를 살리기 위한 것으로 간단한 수리와 리폼으로 공간의 분위기를 바꿀 수 있다. 베이스 작업으로 시간과 비용을 최소화하고 거기에 최대의 효과를 주기 위해 인테리어 소품으로 연출한다. 위의 경우는 천장의 창틀과 보, 매입형 욕조의 벽, 욕실문과 욕실벽을 모두 화이트 색상의 페인트로 칠해 시간과 비용을 단축시켰다. 그리고 다음 사진을 보면 경사진 지붕 아래 난잡해 보이는 공간에 따뜻한 조명과 꽃병으로 연출을 했다. 첫 번째 사진처럼 매물로 내놓는 물건에 아무것도 손대지 않은 것보다 두 번째 사진처럼 일부 손을 거쳐 상품으로서 가치가 있어 보이게 하는 것이 훨씬 낫다.

홈스테이징은 내놓는 매물이 구매자에게 매력적으로 보이게 가

홈스테이징을 거친 매물

출처: CHSSP

능한 한 최상의 상태로 제시하는 것이다. 그러나 한 푼도 들이지 않는 것보다 최소한의 비용으로 최대의 효과를 살려 좀 더 높은 가격에 매물을 파는 것이 더 효과적일 것이다. '일단 내놓는 매물에 홈스테이징을 하겠다'고 마음을 먹은 순간 다음의 몇 가지만 신경을 써보자.

포컬 포인트를 만들어라

포컬 포인트는 사람의 시선이 모이는 곳으로 그 공간의 매력을 잘 보여주는 장소다. 홈스테이징에서는 정리나 청소를 하고 가구를 배치한 후 플로어 스탠드나 식물, 오브제 등을 공간 속에 놓아 꾸밈으로써 구매자가 '이 집에서 살아보고 싶다'고 생각할 수 있게 한다.

그래서 홈스테이징에서는 항상 포컬 포인트를 의식하는 것이 중요하다. 예컨대 아이들이 있는 집은 늘 거실에 나와 있는 책장이 골칫거리다. 또는 책 읽는 것을 좋아하는 사람은 그 많은 책을 어디에 두어야 할지 고민인 경우도 있다. 이런 경우, 책상에 책을 꽂을 때도 용도별이 아니라 컬러별로 정리한다. 보통 책장의 책은 용도별로 꽂아두어야 나중에 찾기가 수월하다. 그러나 홈스테이징에서는 오로지 매력적인 공간을 만들기 위해 거실의 메인에 자리 잡은 책장을 포컬 포인트로 활용하는 것일 뿐이다. 이런 경우 두 가지의 방법이 있다.

색상별로 정리하라

실내 공간의 색은 단색의 세계가 아니며 바닥, 벽, 천장, 커튼 등을 배경으로 해 가구색, 소품색 등 많은 색으로 이루어진다. 그래

색채에 대한 인간의 감정 효과

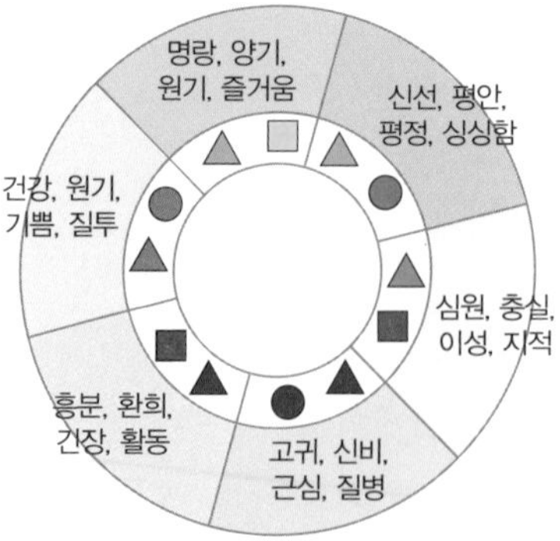

출처: 《インテリアコーディネーター合格テキスト》, 2019

서 실내 공간에서 색은 입체적 배색으로 봐야 한다. 따라서 거실 공간처럼 메인 공간에 포컬 포인트로 자리 잡은 책장은, 주로 여러 가지 색이 동시에 들어와 굉장히 산만하고 어수선해 보인다. 이런 경우 책장은 용도가 아닌 색상별로 책을 정리하고, 이때 유채색을 기준으로 정리한다. 색상은 빨간색·주황색·노란색의 따뜻함에서 녹색·파란색·보라색의 차가운 색상으로 감정효과가 다르게 나타난다. 책장의 책을 정리할 때도 따뜻한 색에서 차가운 색으로 그러데이션을 주듯 정리한다.

다음 그림처럼 책을 정리할 때 가로의 수평선과 세로의 수직선으로 나누어 수평선은 무지개 컬러로 넘어가게 색상을 정리한다.

컬러별로 정리한 책장

출처: chicagolandhomestaging.com

그리고 수직선은 무거운 색을 아래쪽 선반에 가벼운 색을 위쪽 선반에 올려두어 정리한다. 책장이 하나의 아트월처럼 바뀔 수 있다. 돈 안들이고 쉽게 공간을 바꿀 수 있는 방법 중의 하나다.

색상을 제거하라

책장 안의 책이 형형색색의 색상으로 산만해 보인다면, 책을 뒤집어서 책등이 책장 안으로 들어가게 배치한다. 즉, 홈스테이징을 하는 순간 책장은 책을 읽기 위해 꽂아두는 것이 아니라 벽의 포인트로서 장식 효과를 주기 위해 정리를 하는 것이다. 이런 경우, 책의 색상이 제거되면서 책장은 하나의 벽으로서만 역할을 한다. 색상을 제거한 책장에 빼곡히 넣어둔 책들도 일부 비우고, 책장 안쪽에 여유 공간을 두어 쉼을 주도록 한다. 홈스테이징은 청소 및 정리에서 끝나는 것이 아니다. '포컬 포인트로서 공간에 드러나게 할

색상을 제거한 책장

출처: www.elledecor.com

것인가?' 또는 '공간에 묻혀있듯 드러나지 않게 할 것인가?' 그 강약을 조절하는 것도 중요하다.

앞 페이지 사진은 책장의 책등을 뒤집어서 안으로 꽂은 것이다. 그리고 일부 선반은 비워두고 화병이나 기타 소품으로 연출을 한다. 이것만으로 아트월이 될 수 있고 자연스럽게 고객의 눈이 그곳에 머물게 된다.

중립적인 모습을 취하라

홈스테이징은 유행하는 여러 인테리어 중 구매 예정자에 맞는 것을 스타일링하는 것이다. 홈스테이징에서도 색상은 전반적인 트렌드를 따라가지만, 구매 예정자가 전반적으로 좋아할 만한 공간의 색을 정하기는 어렵다. 이런 경우, 대표적으로 그해 유행하는 중립적인 색상을 선택하는 것이 가장 쉬운 방법이다. 예를 들어, 10년 전 홈스테이징에서는 회색이 트렌드였으나 최근에는 흰색이 트렌드다. 흰색은 무채색 계열(흰색, 회색, 검정색)로 색이 가지는 기본적인 성격이 없어 중립적이다.

요즘은 이런 흰색이 다양하게 사용되어 색상의 범위도 넓어지고 있다. 벽지도 노란색의 따뜻한 느낌이 감도는 웜 화이트 톤, 파란색의 차가운 느낌이 감도는 쿨 화이트 톤으로 나뉜다. 월넛이나 체리목의 마룻바닥의 우드패널도 흰색으로 바뀌고 있다. 전체가 깨끗하고 부드러운 이미지가 많이 감돈다.

이런 경우 자칫 공간이 밋밋해질 수 있기 때문에 컬러에 포인트

화이트를 메인 컬러로 연출

출처: www.lghausys.co.kr

를 주거나 톤에 변화를 주기도 한다. 컬러에 변화를 주고자 하는 경우, 전체적으로 베이스를 화이트로 하면서, 컬러가 있는 의자나 인테리어 식물, 또는 액자를 이용해 공간에 포인트를 준다. 이것은 작은 공간을 넓어 보이게 하고 더 깔끔한 인상을 줄 수 있다. 또한 톤에 변화를 주는 경우, 완전 하얀 색의 벽지보다 유사한 톤의 화이트를 섞어서 사용하거나 마룻바닥이나 타일을 깔 때 바둑무늬나 빗살무늬 패턴을 주어 밋밋해지는 공간에 우아함이나 경쾌감을 줄 수 있다.

주요 공간에 집중하라

예산이 제한적이라면 주요 공간에 노력을 집중하는 것이 좋다. 고객이 처음 접하는 대문이나 현관부터 시작해서 거실, 주방, 욕실 등으로 구매자에게 중요한 공간이라 생각되는 곳을 다 하면 좋다.

그러나 적은 비용으로 더 큰 효과를 볼 수 있는 방법이 있다. 바로 한 곳에만 집중하는 것이다. 이런 경우, 제일 먼저 거실에 시간과 비용을 투자해야 한다. 그리고 이후 좀 더 여유가 생긴다면 부엌이나 욕실로 확장하면 된다. 지금 현재 거실의 상태가 어떤지 바로 파악할 수 있다. 그리고 청소와 정리정돈이 끝나면, 고객의 주요 동선을 파악하고 주요 시선이 머물 곳을 정한다.

어두운 곳을 밝게 하라

구매 예정자가 매물을 보러 오는 시간대는 대부분 낮이다. 그래서 집의 자연광을 최대한 활용한다. 집을 보여줄 때 커튼과 블라인드는 모두 열어두어야 한다. 필요한 곳에 조명기를 추가하고 밝고 따뜻한 느낌을 주기 위해 조명을 모두 켜둔다. 물론 수납장이나 장

부착 방식에 따른 조명 명칭

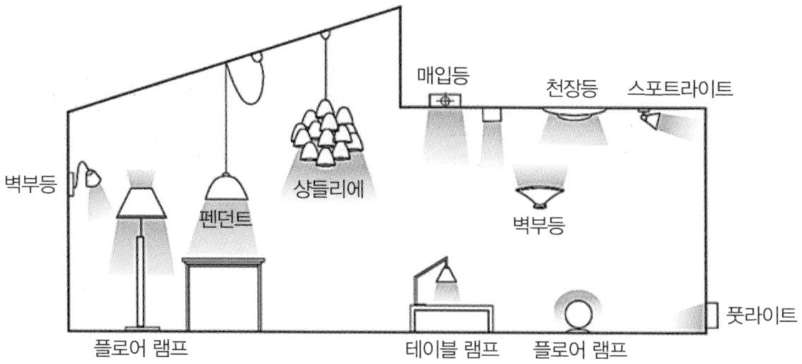

식장에 있는 조명도 켜둔다. 이렇게 하면 집이 더 밝고 매력적으로 보이고 구매 예정자가 전등 스위치를 찾을 필요도 없다. 전등의 먼지를 털고 때를 닦아낸다. 오래되고 깨진 전등은 교체를 해야 한다.

그러나 집 안으로 들어오는 자연광이나 집 안 내부의 조명의 밝기가 충분하지 않은 경우 그림에서 보는 바와 같이 추가로 플로어 램프나 테이블 램프를 구매해 장식용으로 연출을 한다.

이때 조명은 부드러운 분위기를 연출할 수 있는 노란색 계열의 색상인지 확인을 하고 구매한다. 조명의 색은 주광색, 주백색, 전구색으로 구분한다. 주광색은 청색의 색감이 감도는 조명으로 오

조명색의 종류

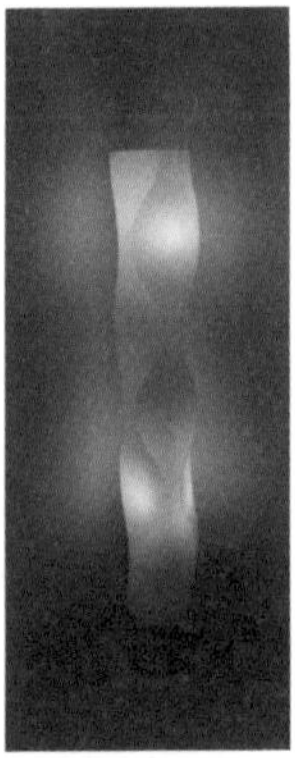

[주광색]

청백의 색감이 특징이다. 사무실이나 공부방용. 홈스테이징에서는 적합하지 않은 조명색이다.

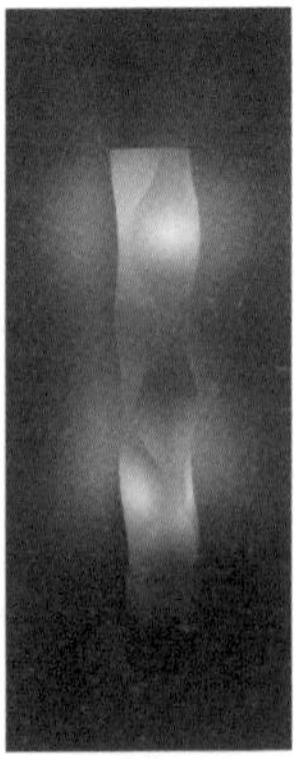

[주백색]

하얀 색감과 밝은 빛이 특징이다. 홈스테이징에서는 적합하지 않은 조명색이다.

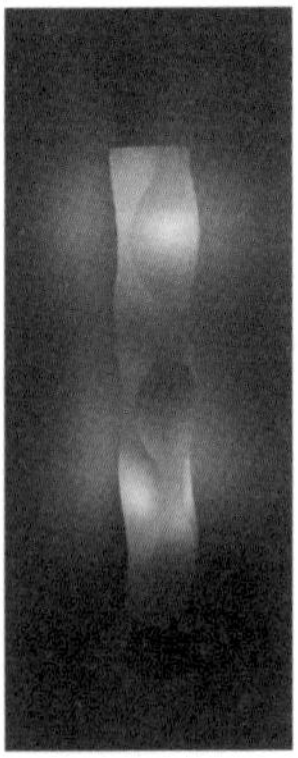

[전구색]

백열전구처럼 따뜻함이 있는 색감의 빛이 특징이다. 홈스테이징에서는 적합한 조명색이다.

출처: 《ホームステージング》, 2015

랜 시간 집중을 해야 하는 사무실이나 공부방에 적합하다. 주백색은 하얀 색감의 빛이 특징으로 일반적으로 전체 조명으로 많이 사용한다. 전구색은 백열전구처럼 노란색의 따뜻한 색감이 특징이다. 홈스테이징에서는 부드럽고 은화한 느낌을 주어야 하기 때문에 전구색이 적합하다.

요즘 인테리어의 트렌드가 주택에도 '매입등'을 설치하는 것이다. 그러나 너무 많은 조명은 오히려 천장을 산만하게 만든다. 방의 조명이 하나의 커다란 직부등(천장에 직접 부착하는 등)으로 제한되어 있다면, 소파 주변으로 포인트 역할을 할 수 있는 테이블 램프나 플로어 램프를 둔다. 또한 기존에 있는 조명을 활용하는 경우, 전등의 갓을 분위기에 맞추어 교체하는 것도 좋은 방법이다. 특히 주방에서는 식탁 위에 어떤 조명이 있느냐에 따라 분위기가 많이 달라진다.

액세서리에 집중하라

앞에서 언급한 바와 같이 인테리어와 달리 홈스테이징의 가장 큰 매력은 리모델링 공사 없이 공간의 분위기를 바꿀 수 있는 것이다. 그중에서 최소의 비용으로 최대의 효과를 볼 수 있는 것이 바로 인테리어 액세서리다. 인테리어 액세서리는 쿠션, 화병, 액자, 장식소품, 캔들, 인테리어 부자재 등 다양하다. 액세서리는 어떻게 연출하는지에 따라 분위기가 많이 바뀔 수 있어 고도의 감각과 센

소파의 연출 전(좌)과 후(우)

출처: CHSSP

스가 필요한 부분이다.

위 그림의 왼쪽 사진처럼 거실 소파가 휑하니 비어 있다면, 뭔가 허전한 느낌이 들 것이다. 물론 공간도 매력적으로 보이지 않을 것이다. 이런 경우 오른쪽 사진처럼 소파 컬러, 뒤 벽면 컬러, 액자 컬러 등 주변의 컬러와 조화를 이룰 수 있는 액세서리용 쿠션을 정하고 소파 위에 장식해보자. 이전보다 분위기가 변화된 것을 느낄 수 있을 것이다. 그리고 더 고급스러워 보일 것이다. 집을 처음 방문한 고객이 어디에 더 눈길을 줄지 한번 생각해보자. 이렇게 액세서리 하나로 비용을 많이 들이지 않고 충분히 최대의 효과를 만들 수 있다.

또한 인테리어의 부자재로서 가구 손잡이, 중문 손잡이 등도 포인트용으로 사용할 수 있다. 요즘은 전반적으로 인테리어의 트렌

색을 칠하고 손잡이를 교체한 수납장

출처: www.beaninloveblog.com

드가 화이트 대리석 바닥에 화이트 페인팅 벽 등 화이트 컬러로 바꾸고 있다. 그래서 내놓는 매물이 요즘의 트렌드에 맞지 않는 월넛이나 체리색의 몰딩을 하고 있다면 흰색 페인트로 칠을 하자. 그리고 자칫 밋밋해질 수 있는 가구, 중문, 거실장, 주방싱크대 상하부장, 욕실 상하부장 등의 손잡이를 바꾸어보자. 분위기가 확연히 바뀐 것을 느낄 수 있다.

잘 팔고 싶다면 불편을 즐겨라

항상 깔끔하게 정리하라

집을 팔고 싶은 생각이 들기 시작하면, 판매자는 판매를 위한 대략적인 흐름을 이해하는 것이 중요하다. 게다가 집을 팔아서 다른 곳으로 이사를 가고 싶은 목적을 적어둔다. 예를 들어, 더 좋은 집으로 이사하고 싶다거나 부모님을 돌보기 위해 즉시 집을 팔아야 하는 등 집을 파는 목적은 다양하다. 어느 정도 목적이 정해지면, 빨리 파는 것을 우선시하는 것인지 또는 비싸게 파는 것을 우선시하는 것인지 목표를 정해야 한다. 집을 빨리 팔거나 좀 더 비싸게 팔고 싶다면 재택 판매자의 경우 공통적으로 해야 할 것이 있다. 그것은 몇 가지 불편을 감수하는 것이다.

사람이 살고 있는 공간에 늘 긴장감을 주는 것은 불편할 수도 있다. 게다가 구매 예정자가 언제 해당 매물을 보러올지 알 수가 없다. 그래서 늘 정리와 청소를 해두어야 하는 불편함이 있다. 그러나 이러한 불편함도 잠시 시간이 지나면 깔끔하고 정돈된 실내 공간으로 오인해 뿌듯함으로 바뀔 것이다. 이제부터 깔끔하게 정리하는 습관을 길러보자. 항상 깔끔하게 정리를 하는 것은 쉬운 일이 아니다. 그래서 일정한 규칙을 가지고 불편함의 기준을 정하고 정리한다.

예를 들어, 현관 입구는 손님을 맞이하는 공간이다. 그래서 매일 아침에 한 번씩 청소기를 돌려 먼지를 털어내고 물걸레로 닦는다. 그리고 현관에 벗어둔 신발은 모두 신발장으로 넣는다. 밖으로 나가기 위해 신발이 필요하다면 신발장에서 꺼내면 된다. 늘 이렇게 깨끗한 현관을 만들어두면, 출입 시 늘 뿌듯하고 기분도 좋다.

그리고 화장실은 일주일에 한 번씩 기준을 정하고 물걸레로 청소를 한다. 항상 마지막은 마른 걸레로 닦는 것을 잊지 말자. 또한 베란다나 현관에 분리수거함을 둔다면 매일 한 번씩 분리수거함을 비워야 한다. 쓰레기도 모으지 말고 모두 버리고 비워야 한다.

채우는 것을 멈춰라

대부분의 사람들은 진열장이나 수납장 안에 신발, 장식소품, 책 등 들어갈 수 있는 것은 모조리 다 넣어버린다. 그러면 밖은 깨끗하다고 생각한다. 그러나 이후에 생기는 물건들은 더 이상 수납장 안에 들어가지 못해 또 밖에서 방치되는 경우가 많다. 홈스테이징을 한다면, 비우고 버리고 난 자리에는 더 이상 채우지 않는다는 걸 명심해야 한다. 수납장이나 냉장고 등 빈 곳만 있으면 다 채우려는 습관을 이제부터 '20% 정도는 비운다'는 생각으로 바꿔야 한다.

홈스테이징에서는 여백이 없으면 답답해 보이고 공간의 매력적인 모습을 보여줄 수 없다. 즉, 공간의 매력이 없어진다. 심플하고 깔끔하다는 것은 뭔가 일부가 비워진 여백이 함께 눈에 들어올 때 느껴지는 이미지다. 그러니 반드시 20%는 비운다고 생각하고 필요 없는 것은 버려야 한다.

버리는 것이 어렵다면 지역 자선단체에 기부하거나 재활용센터에 헐값에 팔아서라도 공간의 일부를 비워야 한다. 공간에 여유가 생길 때 더 아름답다. 구매 예정자가 해당 매물을 보러 왔을 때 여유가 생기고 공간에 대한 매력 포인트를 발견할 수 있게 만든다.

기준과 질서를 정하라

홈스테이징에서 제일 중요한 것은 고객이 해당 매물을 보러왔을 때 최대한 혼란을 줄이는 것이다. 이를 위해 일주일의 스케줄에서 청소하는 날짜를 정해두어 일정한 기준과 질서를 정한다. 즉, 자주 닦고 교체해야 하는 것과 가끔 청소하는 것 등 나름의 기준을 정한다. 예를 들어, 화장실의 경우 판매자가 이용하는 곳이기에 물때가 자주 생기거나 오염이 쉽게 발생한다. 그래서 이런 경우, 매주 한 번 청소 날짜를 정해서 깨끗하게 해둔다.

또한 공간의 분위기를 연출하기 위해 조화가 아닌 생화나 식물을 이용한 경우, 생화는 2~3일에 한 번씩 물을 교체하지 않으면 물이 썩고 냄새가 많이 난다. 따라서 자주 확인하고 물을 갈아주어야 한다.

그리고 거실은 일상생활을 보여주는 것이 아니기에 입었던 옷가지나 널부러진 옷들은 옷걸이에 걸거나 옷장 안에 넣어둔다. 이러한 일들은 굉장히 사소한 것이지만 이러한 사소한 일들이 쌓여 깔끔하고 깨끗한 인상을 만들어준다.

3장

6개월 만에 30% 높이는 법

홈스테이징으로 매물을 매각하는 법

홈에서 하우스로 가는 일곱 단계의 흐름

당신이 지금 부동산을 팔아야 할 시점이라면, 관련된 시간과 비용에 비해 홈스테이징은 수익성을 좀 더 올려줄 수 있는 방법이 될 것이다. 잠재적인 구매자가 가능한 한 가장 높은 가격을 지불하도록 하려면 어떤 준비를 해야 할까? 다음 그림처럼 해당 매물에 거주자가 있는지 또는 부동산의 입지는 어떤지 분석을 한다. 그리고 해당 매물을 정리·청소하고, 수리를 하며, 어느 정도 공간이 정돈되면, 상품으로서의 분위기를 만들기 위해 연출하고 매각하는 일곱 가지의 단계를 준비한다.

홈스테이징의 첫 번째 단계는 거주자가 있는 매물인지 거주자가 없는 매물인지를 구분하는 것이다. 이 단계에서는 이 매물을 어떻게 하면 상품화시킬 것인지에 대한 마인드셋(mindset, 사고방식)이

부동산 매각을 위한 홈스테이징 일곱 단계

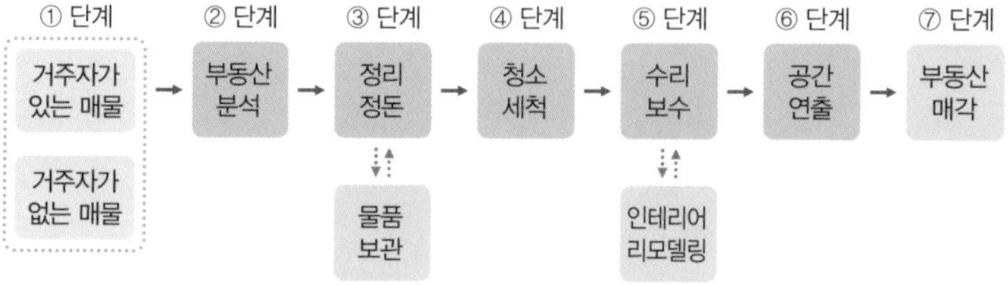

중요하다.

두 번째는 부동산의 분석 단계로, 내놓는 매물이 어떤 지역에 있는가에 따라 주변 입지나 인프라부터 구매 예정자까지 분석한다. 경우에 따라, 권리분석 전문가 등의 도움을 받아 상세한 분석이 이루어지기도 한다.

세 번째는 정리정돈 단계로, 내놓는 매물이 상품으로 보일 수 있도록 너저분하고 불필요한 것들을 치워나간다.

네 번째는 청소세척 단계로, 정리를 하고 말끔하게 청소를 한다. 보통 인테리어의 경우, 공사가 끝나고 맨 마지막에 입주청소를 하지만 홈스테이징의 경우, 청소부터 시작한다. 청소만 잘해도 상품성이 있어 보인다.

다섯 번째는 수리보수 단계로, 떨어져있는 문고리나 비어있는 전등의 전구, 깨진 유리 등 간단히 수리할 수 있는 곳을 수리한다. 또한 상황에 따라 세면대나 변기, 주방 싱크대 주변의 일부가 깨지거나 무너진 경우라면, 상품으로서의 가치가 현저히 떨어져 판매기간이 길어지거나 원하는 가격보다 낮게 팔릴 수 있어 일부 보수를 한다.

여섯 번째는 공간 연출 단계로, 시각적 연출 기법(visual merchandising) 효과를 가장 크게 드러낸다. 불필요한 공간이나 죽어있는 공간을 찾아 공간의 동선을 바꾸고, 가구를 재배치한다. 여기에 인테리어 소품으로 포컬 포인트를 만들어 연출한다.

일곱 번째는 부동산 매각 단계로, 상품으로서 해당 매물이 잘 팔리도록 사진 구도와 각도를 맞추어 촬영한다. 이후 부동산 광고 시장에 올린 사진은 텅 빈 공간으로 올린 매물 사진보다 훨씬 고객의 눈에 띄기 쉽고, 고객에게 구매 이후의 생활을 상상할 수 있게 해준다.

이러한 흐름을 거쳐 부동산 매각을 진행하면, 내놓는 매물은 부동산 중개인이 구매 예정자에게 집을 설명하기도 쉽고, 부동산 광고시장에서도 눈에 잘 띄어 쉽게 판매가 이루어진다.

매수인과 임차인을 포함한 구매 예정자의 대부분은 매물을 보러 갔을 때 해당 매물의 상품적 가치나 잠재력을 빠른 시간 안에 파악하는 것이 어렵다. 이때 홈스테이징은 구매 예정자에게 도움을 줄 수 있고, 구매 예정자가 미래의 이상적인 집에 대해 상상할 수 있게 해준다.

부동산을 상품으로 만드는 세 단계

위의 '홈에서 하우스로 가는 일곱 단계'의 흐름은 부동산을 상품

부동산 매각을 위한 세 단계

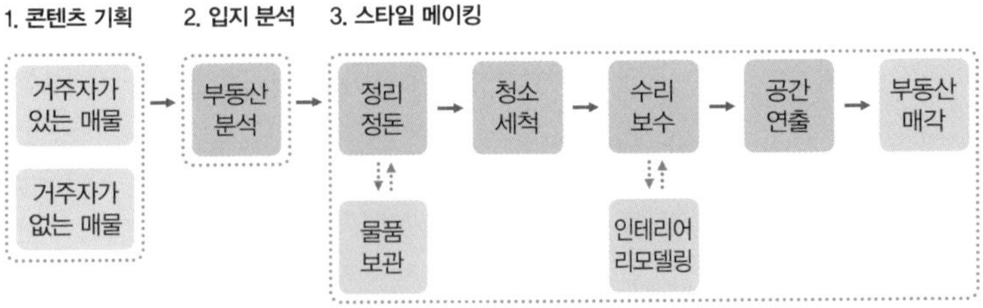

으로서 만들기 위해 크게 세 단계의 작업으로 그루핑할 수 있다.

첫 번째 단계는 상품·고객·시간을 중심으로 해 콘텐츠를 개발하는 기획 단계다. 두 번째 단계는 본격적인 부동산 상품으로서 주변도로, 인프라 등을 살펴보는 입지 분석 단계다. 세 번째 단계는 어떤 구매 예정자를 고객으로 할지 부동산 마케팅을 통해 타깃을 설정하고 부동산 상품으로 만들어가는 스타일 메이킹 단계다. 이러한 구체적인 내용은 뒤에서 설명하도록 하겠다.

콘텐츠 기획 단계

상품의 상황을 판단하라

홈스테이징을 하는 것은 어디서부터 어떻게 시작해야 할까? 여기서는 집(Home)이 곧 콘텐츠다. 그래서 홈스테이징의 콘텐츠 기획 단계에서는 '콘텐츠를 만드는 것(contents making)'으로 프로젝트의 윤곽을 그려나간다. 현재 부동산 매물의 문제점을 먼저 보고, 어떤 방법이 필요한지, 구체적으로 무엇을 하면 빠르고 비싸게 매각을 성공적으로 이끌 수 있을지를 예측해야 한다.

홈스테이징의 콘텐츠 기획 단계는 세부적으로 네 가지 방법으로 접근한다. 먼저, 상품(주택)의 상황을 판단한다. 그리고 고객(구매자)의 입장에서 우선 생각하고, 그다음 판매자의 입장에서는 팔리는데 어느 정도의 시간(판매시간)을 고려하는지 파악한다. 상품·고객·시간에 대해 고려한 후 다음으로 콘텐츠를 기획한다.

재택과 공실의 차이

	재택	공실
거주자	○	×
조명(스탠드 램프, 플로어 램프)	○	×
커튼	○	×
가구(소파, 식탁 등)	○	×
소품(액자, 쿠션, 꽃 등)	○	×

판매자가 거주 중인 상태에서 매각하는 재택매물과 판매자가 살지 않는 공실매물은 접근 방법이 다르다. 재택매물의 경우에는 거주자가 살고 있는 것뿐만 아니라, 공간의 분위기를 드러내는 스탠드 램프나 플로어 램프도 있고, 햇빛을 가려주는 커튼도 있다. 물론 공간에서 큰 부피를 차지하고 이미지를 드러내는 소파나 식탁도 있고, 액자나 쿠션 같은 작은 소품들도 있다. 무엇을 드러내야 할지 주변상황을 보면서 판단한다. 그러나 공실매물의 경우, 거주자뿐만 아니라 분위를 바꿔주는 조명이나 커튼, 가구, 소품들이 전혀 없다. 여기서는 어떤 것을 넣을지 판단해야 한다. 그래서 재택매물과 공실매물은 접근하는 방법이 달라질 수밖에 없다.

또한 거주자가 있는 매물의 경우에는 판매자의 개성이나 생활감을 없애고, 많은 사람이 좋은 인상을 가질 수 있는 심플한 공간을 어떻게 연출할지가 포인트가 된다. 그러나 아무것도 놓여 있지 않은 공실에서는 구매자가 실제 생활을 상상하기 어려워 마이너

재택과 공실의 상품 연출 차이

	재택	공실
악센트 컬러의 강약	약하게	강하게(계절감)
엘리먼트의 양	적당히 줄임	적절한 생활감을 표현

스 인상을 줄 수도 있다. 이런 경우, 가구·조명·엘리먼트(element, 쿠션·액자·양초·식물·꽃) 등으로 어떻게 공간을 연출해 매물 본래의 가치를 구매자에게 어필할지 고민해야 한다.

고객(구매자)의 입장에서 생각하라

재택매물의 경우에는 가능한 한 짐을 줄이고 판매자의 생활감이 느껴지지 않도록 공간을 꾸며야 한다. 대부분 오랫동안 그곳에 거주한 판매자는 무엇이 구매자에게 마이너스 이미지를 주는지 깨닫지 못한다. 특히 정리가 되어 있지 않은 집은 구매자가 좋아하지 않지만 판매자는 그것을 인지하지 못하는 경우가 있다. 재택매물의 경우, 판매자가 처음으로 해야 할 일은 판매자가 아닌 구매자를 위한 곳을 만들어야 한다는 사실을 인지하는 것이다.

판매 시간을 고려하라

판매자는 원하는 금액으로 팔릴 때까지 기다릴 것인지 또는 원하는 금액보다 조금 적지만 판매를 위한 시간을 단축시킬 것인지를 판단해야 한다.

만약 판매자가 재택하는 경우로서 원하는 금액이 될 때까지 구매자를 기다리겠다면 어느정도 매각 기간이 길어질 수도 있다. 이런 경우, 일부의 짐을 현재 거주하고 있는 곳의 다용도실이나 베란다 등 눈에 잘 띄지 않는 곳에 보관해두면 좋겠지만, 넣어둘 여유공간이 부족하다면 일정 기간 공간을 렌트해주는 짐 보관소를 알아봐야 한다.

다음 사진처럼 요즘에는 보관해야 할 짐의 부피나 기간에 따라 자유롭게 24시간 이용할 수 있는 서비스가 많이 있다. 내가 영국의 홈스테이징을 배울 때 좀 신기했던 것은, 작은 택배 박스 크기의 물품보관부터 10평 크기의 방 하나 정도 되는 창고가 있다는 것이었다. 웬만한 침대, 냉장고 등을 다 넣을 수 있는, 이케아 물류센터 크기의 스토리지 서비스(storage service) 업체를 보고 깜짝 놀랐던 기억이 있다. 최근 한국에도 스토리지 서비스 업체가 많이 늘어나고 있어 쉽게 이용이 가능해졌다. 이렇게 어느 정도 가구나 소품들을 밖으로 빼내고 나면 공간의 여유가 생긴다. 그리고 공간의 콘셉트를 잡기 위해 아이디어 회의를 한다. 가구 배치를 조금만 바꿔도 구매자에게 좋은 인상을 줄 수 있다.

스토리지 서비스 업체

출처: 편안창고

콘텐츠 기획의 작업 순서

콘텐츠를 기획하는 것은 현재 상황의 파악과 분석, 아이디어 이미지 추출, 아이디어 이미지 검토, 콘텐츠 책정으로 이루어진다. 이러한 네 가지는 연속적·동시다발적으로 이루어져 상황을 파악하면서 머릿속에 아이디어 이미지가 추출되고 콘텐츠가 책정이 되는 것이다.

1단계: 현재 상황의 파악과 분석

이 단계는 콘셉트의 방향성을 정하기 위해 소재를 모으기 위한 작업을 하는 단계다. 먼저 해당 매물에서 구매 예정자의 눈으로 예리하게 현장 사진을 찍어본다. 사진을 찍어보면, 내 눈으로 보는 것과 달리 현재의 문제점을 더 잘 확인할 수 있다. 이 경우 대문 밖으로 나가 첫인상을 주는 진입로부터 촬영하고 실내로 들어온다. 복도, 현관, 거실, 부엌, 욕실, 침실 순으로 마치 처음 이곳을 방문하는 구매 예정자의 시선으로 촬영해보면 더 객관적으로 볼 수 있다. 현관에서 가까운 곳부터 먼 곳으로 점점 사진을 활용하고 현재의 상태를 파악하고 분석해본다.

다음 사진은 전철역에서 5분 정도 거리에 있는 지하 1층, 지상 2층 규모의 단독주택이다. 임대를 내놓았지만, 오랫동안 나가지 않았다. 이 매물은 왜 고객들에게 어필 되지 않았을까? 해당 매물로 들어가는 진입로부터 대문, 마당, 실내의 각 공간을 사진 촬영하고 현재 상황을 분석해본다. 여러분이 고객이라면 이 집의 매력적인 요소들을 발견할 수 있을까?

이 단독주택은 외부 담장이 높고, 집 밖으로 떨어지는 커다란 나무로 인해 집 안을 전혀 알 수가 없다. 대문을 열고 처음 접하게 되

단독주택의 현재 상황 분석

* 외부 진입로부터 대문, 마당, 실내까지의 사진 촬영

는 정원은 가꾼 지 오래된 나무들로 너저분하다. 또한 담장은 대문에서 계단을 이용해 올라오면 바로 보이는 벽으로 곰팡이와 이끼로 가득하다. 과연 고객이 이 집을 처음 방문했을 때 어떤 이미지를 느꼈을까? 이 매물은 오랫동안 임대가 전혀 되지 않았다.

2단계: 체크리스트 만들기

이 단계는 발상을 넓혀가는 단계다. 무엇이 중요한지, 무엇이 이 공간에서 빠져야 할지 선택하는 것이다. 우선순위, 평가기준을 정하고 필요한 것을 선택해나간다. 이런 경우 아래과 같이 체크리스트를 만들어 적어두면 좋다. 예를 들어 당장 버려야 할 것, 일시 보관해야 할 것, 주변에 줄 수 있는 것, 팔 것 등을 체크해가면 현재의 상태를 파악하고 점점 발상의 단계를 넓혀나갈 수 있다.

해당 매물에서 재택 거주자가 있는 경우, 현재 물건을 어디론가 잠시 보관해두려 할 때 '왜 보관해야 하지?'라고 한 번 더 의심해봐

장소	당장 버릴 것	일시 보관해야 할 것	주변에 줄 수 있는 것	팔 것
현관				
거실				
주방				
욕실				
침실1				
침실2				
베란다				

야 한다. 이때 버릴 수 있는 것은 과감히 버린다. 때로는 중고마트(당근마켓이나 중고나라 등)를 활용해 일부 수입을 창출할 수 있도록 저렴하게 파는 것도 하나의 방법이다. 버리지 못하는 것도 병이다. 판매자는 스스로 버리지 못하고 집 어딘가에 저장해두려는 습성이 있지 않은지 한 번 더 의심해볼 필요가 있다.

3단계: 아이디어의 이미지 추출

버릴 것과 주변에 줄 것 등 해당 매물에서 제거되어야 할 것이 어느 정도 정리가 되면, 이를 통해 아이디어를 위한 이미지 추출을 한다. 이미지 추출은 해당 매물을 상품으로서 가치를 올릴 수 있는 콘셉트에 어울릴 반한 이미지를 구글이나 핀터레스트, 인스타그램 등에서 찾는 것이다.

다음 사진은 현장분석에서 떠오른 아이디어를 참고하기 위해 외부담장과 마당에 대한 페인트칠 등 머릿속에 떠오르는 아이디어를 찾아 이미지를 검색해서 추출한 것이다. 이미지를 추출하는

앞마당에 대한 이미지 추출

출처: www.idesignarch.com

방법은 먼저 구글에서 관련 스타일의 명사나 형용사 키워드를 영어로 검색해 '이미지 찾기'를 한다.

4단계: 아이디어의 이미지 검토

이 단계는 앞서 2단계에서 작업했던 것을 다시 한 번 검토해보는 단계다. 머릿속에서 '왜 그렇지?'라고 생각하는 습관이 중요하다. 그리고 때에 따라 콘텐츠의 깊이를 더하기 위해 앞뒤가 맞지 않는 것은 버리는 것도 중요하다.

현장에서 해당 매물의 현재 상황을 파악하면서, 버릴 것과 보관해야 될 것 등에 대한 주변 짐 정리가 되면, 이미지 추출과 함께 그에 대한 해결책(solution)으로 어느 정도 머릿속에 떠오른 이미지를 스케치해본다. 이러한 이미지 검토에서는 간단한 페인팅에서 인테리어 보수까지 어디까지 진행할 것인지 고민하고 판단한다.

앞마당에 대한 이미지 스케치

5단계: 콘텐츠 책정

해당 매물의 상태에 대해 버릴 것, 보관해둘 것, 정리할 것 등을 정하고 상품으로서 해당 매물을 어떻게 판매할 것인지 집에 대한 콘텐츠가 확정되면, 부동산 분석을 위한 다음 단계로 가기 전에 부동산 시장 안에서 어떤 수요에 대응할 것인지, 어떻게 부동산 시장에 접근할 것인지도 정해야 한다. 인근 부동산 중개소에만 해당 매물을 알릴 것인지 또는 '직방, 다방' 등과 같이 직거래를 통해 부동산 광고시장에 올릴 것인지 판단해야 한다. '누구에게, 무엇을, 어떻게'라는 콘셉트에 맞추어 다음 단계로 넘어간다.

대상, 규모에 따라 각각 필요한 단계도 다르고, 기간도 다르며, 업무도 다르기 때문에 이 단계에서 해당 매물의 부동산 상품으로서 콘텐츠를 책정할 때 적어도 누구에게, 무엇을, 어떻게 보여줄지 미리 고민하고 정하는 것이 좋다.

예를 들어 단독주택은 프라이버시가 중요하다. 그러나 앞의 사례는 주변이 중심상업지역이라 해당 매물을 프라이버시가 중요한 주거용 콘텐츠로 만들기에 부적합하다. 이런 경우, 네이버나 밸류맵(토지·건물 정보 플랫폼)에서 제공하는 지적도나 토지이용계획을 통해 다른 용도로 활용할 수 있는 것을 찾아보고 콘텐츠를 책정한다.

공실 규모가 큰 빌딩, 상가, 아파트 등의 경우 어느 정도 대상과 방법을 정해두면, 부동산 분석을 할 때 만나야 할 전문가 집단도 달라진다. 단순히 주변의 동네 부동산 중개소만 들러서 부동산 매물을 분석한다면 비용이나 시간이 덜 들 수 있다. 그러나 해당 매물에 대해 풀어야 할 요소들이 많아지면 경매전문가, 법무사, 변호사 등 전문가를 만날 때 비용이 발생한다는 것을 명심해야 한다.

입지 분석 단계

임장활동을 통한 입지 분석

매물을 내놓기로 마음먹으면 무엇보다 중요한 목적은 비싸게 파는 것이다. 이때 부동산에 대한 법이나 입지 분석 정도는 알아야 한다.

잠을 자고, 일을 하고, 휴식을 취하는 등 우리의 일상생활은 땅이라는 공간에서 이루어지고 있다. 땅은 위치상으로 장소가 되고, 주변 생활환경과의 관계에서 입지(立地, location)가 된다. 입지는 위치상의 장소(place)와 추상적 공간(space)의 절충적 개념이지만, 쉽게 말해서 하나의 목표 장소로 접근하기 위한 '공간적 접근 편의성'으로 이해되고 있다.

부동산 매매나 임대 시 입지 분석은 특히 중요하다. 그 이유는 입지가 현대생활에서 해당 부동산을 이용하는 고객의 최종 움직

시장 분석에 고려해야 할 요인들

범주	고려 요인
지역 및 도시 분석	지역 및 도시의 경제활동, 인구 및 소득 수준, 지역 및 도시의 성장과 개발 유형, 교통망, 경제 기반 분석
근린 분석	근린 지역의 경제활동, 근린 지역에서 개발 사업의 현재와 미래의 경쟁력, 인구적 특성, 교통 흐름
부지 분석	용도지역제, 건축 규제, 전기 · 가스 · 상하수도 등 편의시설, 부지의 크기와 지형적 조건, 접근성
수요 분석	경제, 인구, 추세 분석
공급 분석	공실률 및 임대료 수준

임 또는 이동 가능성의 범위를 내포하기 때문이다. 예컨대 세입자의 경우, 교통이 편리한 역세권이나 편의품을 판매하는 편의점 등의 접근성을 선호한다. 반면에 어린 자녀를 둔 3~4인 가족은 학원이나 학교 등 학업에 집중할 수 있는 곳을 선호한다. 또한 노년층에서는 종합병원이 있거나 마트가 근거리에 있는 것을 선호한다. 이처럼 내놓는 매물에 어떤 구매 예정자가 올지 미리 예측하는 것은 주변의 입지를 분석하는 것에서 시작된다.

좀 더 비싼 가격으로 팔기 위해 매물을 내놓는 경우라면, 위 표와 같이 구매 예정자의 입장에서 입지 분석을 한다. 입지 분석은 해당 매물이 어떤 지역에 있는가에 따라 달라질 수 있지만 일반적으로 지역 및 도시 분석, 근린 분석, 부지 분석, 수요 분석, 공급 분석으로 한다.

서울의 2017~2020 인구 이동 변화 추이

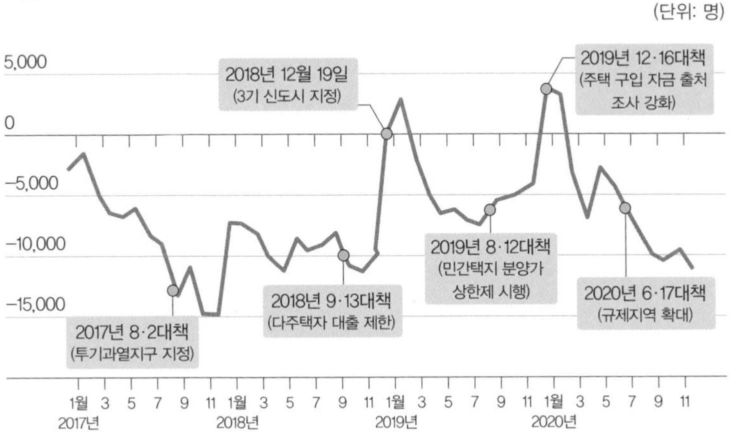

자료: 통계청, 출처: 국민일보

지역 및 도시 분석, 거시적 관점으로 보라

지역 및 도시 분석은 그 지역의 경제활동, 인구 및 소득 수준, 지역의 성장 및 개발 유형, 교통망 등을 다룬다. 위 그래프는 2020년 정부의 주요 부동산 대책에 따른 서울 인구의 이동추이를 나타낸 것이다. 좌측 세로축의 0을 기준으로 마이너스(-) 값은 서울에서 밖으로 유출된 인구가 증가한 것을 의미하고, 플러스(+) 값은 서울로 유입된 인구를 의미한다. 그래프를 종합적으로 정리해보면, 정부가 새로운 대책을 내놓을 때마다 점점 사람들은 서울에서 변두리로 쫓겨나가듯 빠져나간 것을 알 수 있다.

서울에서 외부로 이동한 인구의 추이는 대부분 경기도였다. 다음 페이지 그림은 경기도의 어느 도시로 인구이동이 많은지를 파

2020년 서울시 인구이동

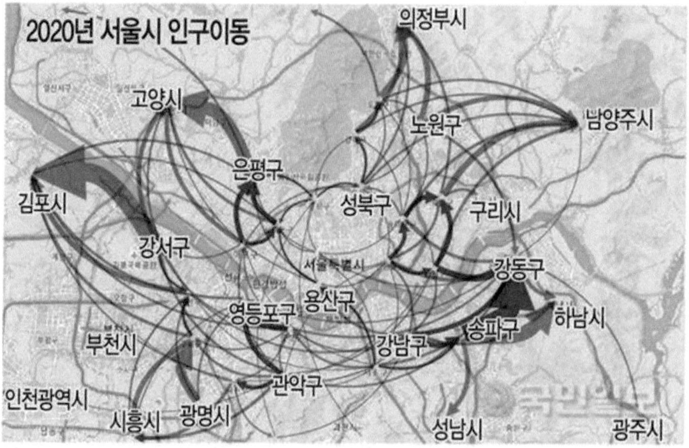

출처: 국민일보

악한 것이다. 서울에서 외부로 유출된 사람들은 서울보다 상대적으로 저렴한 경기도의 김포시, 하남시, 고양시로 이동한 것을 알 수 있다. 이처럼 서울지역을 분석하더라도 지역 분석은 그 인접 지역인 경기도까지 연계해 큰 맥락에서 현재 모습을 파악한다. 홈스테이징에서도 지역 분석에 있어 거시적 관점에서 흐름을 파악하는 것이 중요하다.

근린 분석, 인접 지역의 흐름을 파악한다

근린(近隣)은 '가까울 근(近), 이웃 린(隣)'이 합쳐진 것이다. 근린 분석(neighborhood analysis)은 해당 부지를 중심으로 그 인접 지역의 현황과 변화를 분석해 인접 지역과의 상호 관계를 파악하는 기법이다. 근린 분석은 인근 지역의 경제활동, 인구적 특성, 교통 흐름 등을 파악한다.

서울시 강남구 역삼동에 위치한 한 매물의 입지 분석에 대한 예시들을 다루었다. 다음 그림은 해당 매물의 근린 분석을 위해 토지 이용 규제 정보 서비스 '토지이음(www.eum.go.kr)'에서 토지 이용 계획 및 도시 계획을 확인한 것이다. 여기서는 해당 매물의 주변 행위 가능 여부, 건폐율·용적률, 층수·높이 제한, 건축선, 도로 조건을 확인한다. 이러한 근린 분석은 구매 예정자가 해당 매물을 보러 왔을 때 구매 이후를 상상하는 데 도움을 줄 수 있고, 단점을 장

근린 분석의 도시 계획

출처: 토지이음

점으로 만들 수 있는 강력한 세일즈 툴이 될 수 있다.

역삼동의 해당 매물은 제1종 전용주거지역과 제1종 일반주거지역이 혼재되어 있다. 이때 제일 먼저 봐야 할 것이 건축물에 대한 행위 가능 여부다. 건축물에 대한 행위 가능 여부는 주변의 지역에 연계해 소음이나 공해 등 문제가 일어날 수 있는 것들을 사전에 차단하기 위해 행위를 금지하는 것이다. 이것은 이후 구매자가 매물을 어떤 것으로 용도 변경을 하거나 리폼을 할 때 허가가 나지 않을 수 있어 잘 확인해야 할 사항이다.

의외로 건축물에 대한 행위 가능 여부를 제대로 확인하지 않아 인테리어를 다 하고도 철거하고 원상복구한 사례들이 많다. 물론 영업도 못하게 된 사례들이 많다. '판매자가 왜 이런 것도 봐야 하나?' 하고 생각할 수도 있다. 판매자는 구매 예정자에게 해당 매물에 관한 관련 정보를 더 제공함으로써 더 매물을 사고 싶게 만들어야 한다. 그래서 궁극적으로 좀 더 비싸게 팔 수 있도록 하는 것이다.

국가법령정보센터(www.law.go.kr)에 들어가면 토지이용계획의 범위와 건축물에 대해 상세히 제시되어 있다. 다음 내용은 국토의 계획 및 이용에 관한 법률 시행령 별표 2『제1종전용주거지역 안에서 건축할 수 있는 건축물』중에서 서울특별시 도시계획 조례가 정하는 바에 의해 건축할 수 있는 건축물을 제시한 것이다.

서울특별시 도시계획 조례[시행 2021. 5. 20.] [서울특별시조례 제8044호, 2021. 5. 20., 일부개정]

제25조(제1종전용주거지역안에서 건축할 수 있는 건축물) 제1종전용주거지역안에서는 영 별표 2 제1호의 각 목의 건축물과 영 별표 2 제2호에 따라 다음 각 호의 건축물을 건축할 수 있다.〈개정 2006. 11. 20., 2008. 7. 30., 2010. 1. 7., 2017. 3. 23., 2019. 12. 31 2020. 12. 31.〉

1. 「건축법시행령」 별표 1 제1호의 단독주택중 다가구주택
2. 「건축법 시행령」 별표 1 제2호의 공동주택중 다세대주택으로서 19세대 이하인 것(허가권자가 해당 도시계획위원회의 심의를 거치는 것에 한정한다)
3. 「건축법 시행령」 별표 1 제3호의 제1종근린생활시설중 변전소 · 양수장 · 정수장 · 대피소 · 공중화장실 그 밖에 이와 유사한 것으로서 해당 용도에 쓰이는 바닥면적의 합계가 1천제곱미터 미만인 것
4. 「건축법 시행령」 별표 1 제4호의 제2종근린생활시설중 종교집회장(타종시설 및 옥외확성장치가 없는 것에 한한다)
5. 「건축법 시행령」 별표 1 제5호의 문화 및 집회시설중 전시장(박물관 · 미술관 · 기념관)으로서 해당 용도에 쓰이는 바닥면적의 합계가 1천제곱미터 미만인 것에 한한다.
6. 「건축법 시행령」 별표 1 제6호의 종교시설중 종교집회장〈제2종 근린생활시설에 해당하지 아니하는 것으로서 타종시설 및 옥외확성장치가 없는 것에 한한다)으로서 해당 용도에 쓰이는 바닥면적의 합계가 1천제곱미터 미만인 것에 한한다.
7. 「건축법 시행령」 별표 1 제10호의 교육연구시설 중 유치원초등학교
8. 「건축법 시행령」 별표 1 제11호의 노유자시설중 다음 각 목의 건축물
   가. 아동관련시설
   나. 노인복지시설(「주택법 시행령」 제4조제3호에 따른 노인복지주택은 제외한다)
9. 「건축법 시행령」 별표 1 제20호의 자동차관련시설중 주차장(너비 12미터 이상인 도로에 접한 대지에 건축하는 것에 한한다)

다음은 제1종 일반주거지역과 제1종 전용주거지역의 행위 가능 여부를 비교한 것이다. 현재 관심 있는 해당 매물이 있다면, 어떤 지역에 있는지 확인하고 건축물의 사용 행위가 가능한지 확인해볼 필요가 있다.

일반적으로 제1종 전용주거지역이 제1종 일반주거지역보다 규제가 강하다. 그래서 행위 제한이 많다. 건물로 보면 사용 가치가 없어 고객에게 매력적인 모습을 보여주는 데 한계가 있다. 홈스테이징에서는 이런 한계를 극복할 수 있는 매력적인 제안을 한다.

해당 매물의 행위 가능 여부

건축법 별표에 따른 시설물		해당 필지에 지정된 『국토의 계획 및 이용에 관한 법률』에 따른 지역·지구	
대분류	시설물	제1종 일반주거지역	제1종 전용주거지역
단독주택	단독주택	○	○
	다중주택	○	○
	다가구주택	○	○
공동주택	아파트	×	×
	연립주택	○	×
	다세대주택	○	△
	기숙사	○	×
제1종 근린생활시설	일용품 판매소매점	○	△
	휴게음식점	○	△
	제과점	○	△
	이용원	○	△
	미용원	○	△
	목욕탕	○	△

제1종 근린생활시설	세탁소	○	△
	접골원	○	△
	침술원	○	△
	한의원	○	△
	치과의원	○	△
	의원	○	△
	조산원	○	△
	산후조리원	○	△
	안마원	○	△
	체육도장	○	△
	탁구장	○	△
	지구대	○	△
	건강보험공단사무소	○	△
	우체국	○	△
	방송국	○	△
	공공도서관	○	△
	보건소	○	△
	파출소	○	△
	지역자치센터	○	△
	소방서	○	△
	지역아동센터	○	×
	대피소	○	△
	마을공동구판장	○	△
	마을공동작업소	○	△
	마을회관	○	△
	공중화장실	○	△
	통신용 시설	○	×
	양수장	○	△
	정수장	○	△
	도시가스 배관 시설	○	×

제1종 근린생활시설	변전소	○	△
	결혼상담소	○	×
	부동산중개사무소	○	×
	사무소	○	×
	금융업소	○	×
	출판사	○	×
제2종 근린생활시설	비디오감상실	×	×
	서커스장	×	×
	음악당	×	×
	연예장	×	×
	영화관	×	×
	극장	×	×
	비디오물소극장	×	×
	제실	△	△
	교회	△	△
	성당	△	△
	사찰	△	△
	수도원	△	△
	기도원	△	△
	수녀원	△	△
	사당	△	△
	자동차영업소	×	×
	서점	△	×
	총포판매소	×	×
	사진관	△	×
	표구점	△	×
	인터넷게임시설	×	×
	복합유통게임제공소	×	×
	청소년게임제공소	×	×
	제과점	△	×

제2종 근린생활시설	휴게음식점	△	×
	일반음식점	△	×
	동물미용실	△	×
	동물병원	△	×
	장의사	△	×
	직업훈련소	△	×
	교습소	△	×
	학원	△	×
	기원	△	×
	독서실	△	×
	체력단련장	△	×
	테니스장	△	×
	에어로빅장	△	×
	볼링장	△	×
	당구장	△	×
	실내낚시터	△	×
	놀이형시설	△	×
	골프연습장	△	×
	금융업소	△	×
	사무소	△	×
	부동산중개사무소	△	×
	결혼상담소	△	×
	출판사	△	×
	다중생활시설	×	×
	수리점	×	×
	제조업소	×	×
	단란주점	×	×
	안마시술소	×	×
	노래연습장	×	×
문화 및 집회시설	음악당	×	×

문화 및 집회시설	연예장	×	×
	영화관	×	×
	비디오감상실	×	×
	극장	×	×
	서커스장	×	×
	비디오소극장	×	×
	공화당	×	×
	회의장	×	×
	마권 장외 발매소	×	×
	마권 전화 투표소	×	×
	예식장	×	×
	운동장	×	×
	체육관	×	×
	자동차경기장	×	×
	경륜장	×	×
	경정장	×	×
	미술관	△	△
	과학관	△	×
	문화관	△	×
	체험관	△	×
	기념관	△	△
	박물관	△	△
	박람회장	△	×
	산업전시장	△	×
	식물원	△	×
	수족관	△	×
	동물원	△	×
종교시설	성당	○	△
	사찰	○	△
	기도원	○	△

종교시설	수도원	○	△
	수녀원	○	△
	사당	○	△
	교회	○	△
	제실	○	△
	봉안당	○	△
숙박시설	일반숙박시설	×	×
	생활숙박시설	×	×
	수상관광호텔	×	×
	관광호텔	×	×
	한국전통호텔	×	×
	가족호텔	×	×
	호스텔	×	×
	소형호텔	×	×
	의료관광호텔	×	×
	휴양콘도미디엄	×	×
	다중생활시설	×	×
노유자시설	어린이집	○	○
	아동복지시설	○	○
	노인복지시설	○	△
	사회복지시설	○	×
	근로복지시설	○	×

출처: 토지이음

역삼동 해당 매물은 다음 페이지 지도에서 역삼역에서 거리로 344m, 도보 5분 거리에 있는 초역세권이다. 그리고 해당 매물 주변의 용도지역은 일반상업지역(핑크색), 제1종 전용주거지역(노란색), 제1종 일반 주거지역(노란색), 제2종 일반주거지역(주황색)이 있다.

역삼동 매물의 근린 분석

참고: 밸류맵

용도지역 분석 결과, 해당 매물은 초역세권에 있어 교통이 편리하지만 단독주택으로서 주변에 소음이 자주 발생되고 프라이버시가 잘 보호되지 않는다는 단점이 나온다. 이런 경우 단독주택을 다른 목적의 시설물로 이용할 수도 있다. 그러나 허가나 사용승인이 나지 않을 수도 있으니 위에 제시한 행위 가능 여부를 꼼꼼하게 살펴봐야 한다. 홈스테이징에서는 이러한 해당 매물의 근린 분석을 통해 어떤 대상에게 이 상품을 어필할지 고려해야 한다.

부지 분석, 대지와 도로의 관계성을 파악한다

부지(敷地)는 '펼 부(敷), 땅 지(地)'를 합친 글자로 펼쳐놓은 땅을

역삼동 부지 분석(대지와 도로의 관계성)

말한다. 이는 건축물이나 도로로 쓰이는 땅을 의미한다. 부지 분석(site analysis)은 건축규제, 지형적 조건, 접근성 등을 파악한다. 위 그림은 역삼동 매물의 지적도로, 이를 통해 이 매물이 세 개의 도로로 둘러싸여 있음을 확인할 수 있다.

홈스테이징은 매물에 처음 방문하는 구매 예정자에게 어떻게 보여줄지 골목길의 진입로부터 대문에 이르기까지 부지 주변을 면밀히 살펴본다. 이때 두 가지 정도 꼭 확인을 해야 한다.

첫째, 대지와 도로의 관계성을 파악한다. 이는 차량 및 고객의 접근성이 양호한지 확인하기 위한 것이다. 앞에서 근린 분석은 현장 방문을 위한 사전검토로서 인터넷 사이트를 통해 주변과의 관계성을 본 것이라면, 부지 분석은 실제 밖으로 나가 관찰하면서 인터넷에서 발견하지 못한 사실들을 찾는 임장활동의 작업이다.

다음 사진은 역삼동 매물의 대지와 도로의 관계성을 파악하기 위해 부지 분석을 한 것이다. 사이트(site, 부지)를 동서남북 돌아보면서 도로의 폭을 알 수 있도록 사진을 찍어보고 고객의 입장에서 주 출입구의 모습도 찍어둔다. 전면의 세 개 도로는 차가 양방향으로 진입할 수 있어 충분한 거리 확보가 되지만 북측 도로는 도로폭이 좁아 일방향으로만 진입할 수 있다. 해당 매물은 세 개의 도로와 접하고 있고 부지 주변으로 사람들의 왕래가 많아 현장에서도

역삼동 부지 분석(대지와 도로의 관계)

용도지역의 건폐율과 용적률

	건폐율	용적률
제1종 전용주거지역	50%	100%
제1종 일반주거지역	60%	150%

프라이버시 확보가 어렵다는 것을 파악하게 된다.

둘째, 부지의 건폐율과 용적률을 확인한다. 위의 표는 해당 지역·지구에 따른 건폐율과 용적률을 나타낸 것이다. 역삼동 매물은 제1종 전용주거지역의 건폐율 50%, 용적률 100%와 제1종 일반주거지역의 건폐율 60%, 용적률 150%의 적용을 받는다.

해당 매물의 권리관계는 등기부를 확인하지만, 건축물의 사실관계를 확인할 때는 건축물 대장을 확인한다. 건축물 대장은 정부24(www.gov.kr)나 세움터(www.eais.go.kr)에 들어가서 무료로 열람할 수 있다.

다음 표는 역삼동 매물의 건축물 대장이다. 건축물 대장을 열람할 때 좌측 상단의 건폐율과 용적률을 확인하고, 우측 상단의 층수를 확인한다. 그리고 좌측 하단의 건축물 현황에서 각 층별 용도와 바닥 면적을 확인한다.

건축물 대장을 잘못 보는 경우가 가끔 있다. 좌측 하단의 세로로 봐야 용도와 면적을 보는데, 가로로 봐서 건축물 현황과 소유자 현황을 같이 보는 경우가 있다. 예를 들어, 소유자 홍길동은 지하 1층에만 사는 것으로 착각하는 사람이 있다. 좀 황당하지만 실제

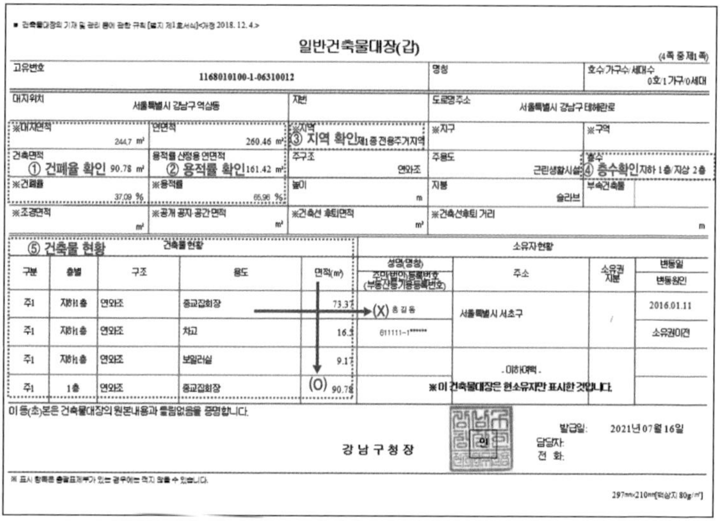
■ 건축물대장의 기재 및 관리 등에 관한 규칙 [별지 제1호서식] <개정 2018. 12. 4.>

일반건축물대장(갑)

(4쪽 중 제1쪽)

고유번호	1168010100-1-06310012	명칭		호수/가구수/세대수	0호/1가구/0세대
대지위치	서울특별시 강남구 역삼동	지번		도로명주소	서울특별시 강남구 테헤란로
※대지면적 244.7 m²	연면적 260.46 m²	※지역 ③ 지역 확인 제1종 전용주거지역		※지구	※구역
건축면적 ① 건폐율 확인 90.78 m²	용적률 산정용 연면적 ② 용적률 확인 161.42 m²	주구조 연와조		주용도 근린생활시설	층수 ④ 층수확인 지하 1층/지상 2층
※건폐율 37.09 %	※용적률 65.96 %	높이 m		지붕 슬라브	부속건축물
※조경면적 m²	※공개 공지·공간 면적 m²	※건축선 후퇴면적 m²		※건축선후퇴 거리 m	

⑤ 건축물 현황

건축물 현황					소유자 현황			
구분	층별	구조	용도	면적(m²)	성명(명칭) / 주민(법인)등록번호 (부동산등기용등록번호)	주소	소유권 지분	변동일 / 변동원인
주1	지하1층	연와조	종교집회장	73.37	(X) 홍길동	서울특별시 서초구	/	2016.01.11
주1	지하1층	연와조	차고	16.3	611111-1******			소유권이전
주1	지하1층	연와조	보일러실	9.17		- 이하여백 -		
주1	1층	연와조	종교집회장	(O) 90.78	※이 건축물대장은 현소유자만 표시한 것입니다.			

이 등(초)본은 건축물대장의 원본내용과 틀림없음을 증명합니다.

발급일: 2021년 07월 16일

강 남 구 청 장 인

담당자:

전 화:

※ 표시 항목은 총괄표제부가 있는 경우에는 적지 않을 수 있습니다.

297mm×210mm[백상지 80g/m²]

이렇게 잘못 보는 사람들이 많다.

역삼동의 매물은 대지면적 244.7m², 건폐율 37.09%, 용적률 65.96%, 제1종 전용주거지역, 지하 1층 지상 2층의 규모를 가지고 있다. 해당 지역지구의 용도 제한에서 건폐율 50% 미만으로 12.91%와 용적률 34.04%를 추후 활용할 수 있다. 홈스테이징에서는 해당 부지가 가지고 있는 토지이용계획의 범위 내에서 어떻게 하면 매물의 가치를 올릴 수 있을지 제안할 수 있다.

$$① \text{ 건폐율} = \frac{\text{건축면적}}{\text{대지면적}} \times 100 \qquad ② \text{ 용적률} = \frac{\text{연면적}}{\text{대지면적}} \times 100$$

*건축면적: 1층의 바닥 면적 *용적률 계산을 위한 연면적: 지하층을 제외한 지상층 바닥 면적 합계

역삼동 부지의 예상 수요 분석

범주	고려요인
가족구성	예) 중장년층 부부(2명) • 주변에 학원가나 학교가 없어 젊은 신혼부부는 적합하지 않을 것으로 예상됨 • 병원시설, 편의시설 등이 인접해 시니어층 부부도 잠재 고객으로 볼 수 있음
연소득	예) 평균 8천~1억 미만
인테리어 스타일	예) 내추럴 스타일, 모던 스타일, 외부 마당을 활용해 테라스 공간을 확보, 2개 층의 공간 분리로 거실, 침실, 부엌, 욕실 이외에 서재, 드레스룸 등 다양한 알파 공간을 마련할 수 있음 • 아파트보다 단독주택의 전원생활을 도심에서 누리고 싶은 고객을 타깃으로 스타일 선정

수요 분석, 잠재적 구매 예정자를 찾아라

수요 분석에서는 해당 매물에 어떤 고객이 올지 가상의 구매 예정자에 맞추어 분석하기 위해 경제·인구·추세 분석을 한다. 홈스테이징의 수요 분석은 예상 고객의 가족 구성(인구 또는 주된 사용자), 연소득(경제), 인테리어 스타일(추세 및 트렌드) 등을 고려한다. 만약 역삼동의 해당 매물을 단독주택으로 시설물의 용도전환 없이 매물을 내놓는다면 어떤 가족 구성과 연소득, 인테리어 스타일을 요구할지 고려해본다.

지역 주변의 수요 분석은 초보가 예측하는 것이 다소 어렵긴 하다. 최근에는 빅데이터와 AI를 활용해 부동산 수요를 예측하는 유료 사이트가 많이 늘고 있지만, 이용시 많은 비용을 지불해야 하는 불편함이 있다.

그래서 나는 해당 부동산에 대한 수요를 분석하기 위해 우회방

수요분석(11~13시 직장 인구)

법으로 서울시나 소상공인진흥공단에서 무료로 제공하고 있는 상권분석서비스를 활용한다. 상권분석서비스를 활용하면 주변의 이용자 및 고객의 흐름을 파악할 수 있어 편리하다.

위 그림은 서울시에서 운영하는 '상권분석서비스(newsearch.seoul.go.kr)'이다. 해당 매물에 대한 주소를 입력하고, 시간대별 상존 인구를 선택한다. 그리고 상권 정보인 상존 인구, 주거 인구, 직장 인구, 외국인, 단기 체류 중 하나를 선택하면 색상별 분포 현황을 알수 있다. 아래 그림에서 빨간색 분포 지역은 11시부터 13시까지 직장 인구가 이용한 지역에 대한 분포 현황이다. 해당 부지 주변으로 직장 인구가 많은 것을 알 수 있다.

또한 다음 그림은 해당 매물 주변에 주거 인구가 얼마나 되는지 알아보기 위해 11~13시와 퇴근 시간 이후의 21~23시까지 분포 현황을 분석한 것이다. 그래프를 보면 점심시간과 퇴근시간에 상주 인구

수요 분석(21~23시 주거 인구)

와 주거 인구가 거의 없다. 즉 해당 매물은 주거용보다 상업용으로 활용 가치가 있다. 따라서 홈스테이징할 때 콘셉트 반영에 중요한 포인트를 찾은 것이다.

공급 분석, 경쟁자를 찾아라

다음 페이지에 나와 있는 그래프는 구글트렌드(trends.google.co.kr)에서 최근 1~2년간 한국인의 집에 대한 관심도 추이를 나타낸 것이다. 그래프를 보면 한국인은 부동산만큼 아파트, 집에 대한 관심이 뜨겁다. 마치 '집은 곧 아파트'라고 생각하는 것처럼 집과 아파트에 대한 관심도 추이는 70%의 고점대에 머물고 있어 꾸준히 관심을 보이고 있다.

이처럼 한국인들 사이에서는 아파트를 가장 선호한다는 것을 알 수 있다. 그러나 아파트의 가격이 계속 오르는 등 여러 이유로

시간 흐름에 따른 관심도 변화(부동산-아파트-집-주택)

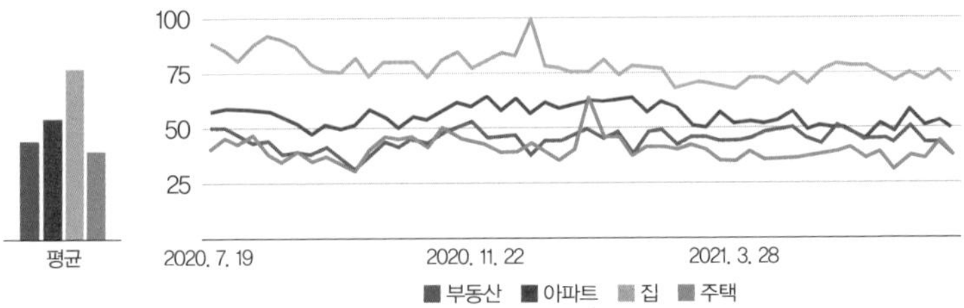

사람들은 그 대체재인 단독주택, 빌라, 주거용 오피스텔로 이사를 한다.

앞에서는 해당 매물에 대한 구매 예정자인 수요자를 찾았다. 그러나 수요자를 찾는 것도 중요하지만 주변에 얼마나 많은 경쟁자가 있는지 확인하는 것도 중요하다. 여기서는 두 가지 정도 고려해 두자.

첫째, 해당 매물의 주변에 대체될 수 있는 공급적 측면을 고려한다. 예를 들어, 앞에서 다룬 역삼동 부지의 단독주택에 대한 대체재는 아파트와 주거용 오피스텔이다. 해당 매물 주변 반경 500m 이내에는 단독형의 평균 30세대 미만 아파트가 공급되고 있지만 부족한 편이다. 또한 오피스텔도 일부 있으나 시설이 오래되어 대체재로서 공급이 미흡하다.

둘째, 해당 매물의 주변 공실률과 임대료 수준을 알아본다. 다세대 빌라 매물을 가지고 있는 지인이 있는데, 오랫동안 전월세가 꾸준히 나갔다고 한다. 그러나 최근 들어 전월세가 나가지 않는다

단독주택의 대체재 공급 분석(역삼동 주변 아파트)

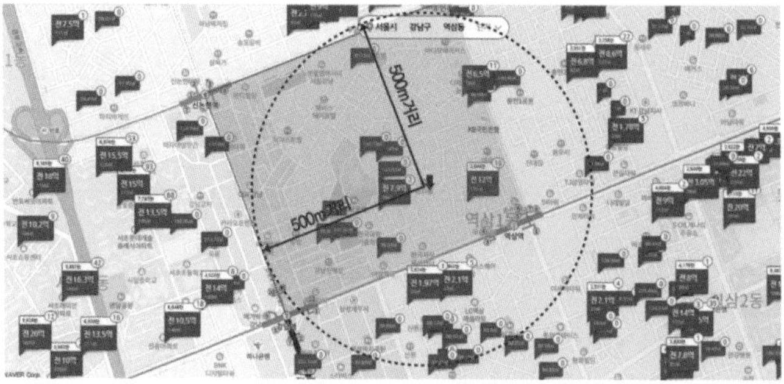

고 하소연을 한 적이 있다. 지인의 경우, 전월세가 나가지 않아 일부 보증금과 월세를 낮추었지만 그것도 실패를 했다고 한다.

왜 그럴까? 주변을 살펴보니 주변에 오래된 단독주택들이 다세대 빌라로 신축되거나 다세대 빌라가 주거형 오피스텔로 신축되는 경우가 증가했다. 그리고 주변의 빌라와 오피스텔은 모두 임차가 다 됐다고 한다. 해당 매물의 주변은 공실률이 낮은 것을 알 수 있다.

이런 경우, 해당 매물은 임대료를 계속 낮추는 악순환을 해결하기 위해 예상 타깃층을 다시 분석하고 그 타깃 고객에 맞는 홈스테이징을 할 필요가 있다. 해당 매물의 임대료 수준은 주변의 신축 빌라와 오피스텔의 수준을 유지하면 된다.

해당 매물이 다른 경쟁자들과 비교했을 때 어떤 우위요소가 있는지 판단하는 것이 중요하다. 이런 경우 공실률이 낮고, 임대료 수준을 주변과 적정수준으로 유지를 하기 위해서는 임차인들의 니즈(needs)에 맞는 공간을 꾸미고 연출을 한다. 예를 들어, 최근의 한 조사에 의하면 1인 주거의 임차인들은 깨끗한 화이트 톤의 실내와 통창유리, 복층을 선호한다고 한다. 이러한 콘셉트를 개발해 꾸미거나 새로운 임차인으로서 초단기 임차를 위한 고객을 확보하는 데 주력한다. 업무와 주거를 동시에 해결할 수 있는 홈 오피스 공간이나 셰어하우스 형태의 새로운 주거 형태의 콘셉트로 연출해 경쟁자들과 차별화한다.

스타일 메이킹 단계

스타일 메이킹, 부동산을 상품화하다

어느 정도 고객에 대한 분석과 해당 매물의 주변 입지 분석이 끝나면 다음으로 본격적인 '부동산 상품 만들기'로 들어간다. 부동산 상품 만들기는 스타일을 만드는 것에서 시작한다. 내놓은 매물을 부동산 상품으로 만드는 것은 스타일 메이킹(style making)이다.

이전의 콘텐츠 기획 단계와 입지 분석 단계에서 그 매물의 좋은 점과 차별점이 무엇인가를 명확하게 설정하였다면, 스타일 메이킹에서는 어떻게 구체적으로 표현할 것인지가 중요하다. 즉, 어필 포인트(appeal point)를 시각화시키는 작업이 필요하다.

예를 들어 이전의 분석 단계에서 해당 매물이 건축연수에 비해 깨끗하게 사용된 설비가 장점이고, 공간 재배치를 통해 숨어있는 공간이 나올 수 있는 조건 등 여러 상황들이 파악되면, 스타일 메이킹 단계에서는 물건의 장점을 극대화시켜 보여주는 것이다. 이것이 고객에게 보여줄 어필 포인트를 만드는 것이다. 여기서는 네 가지에 대해 제시한다.

스타일 메이킹 단계1: 정리정돈

아름답게 정리하라

스테이징의 기본은 정리다. 정리를 잘하면 숨어있는 공간을 찾아낼 수 있고, 공간이 전체적으로 여유가 생겨 그다음에 진행할 스타일링에 도움을 줄 수 있다. 정리는 나누기·줄이기·수납하기 세 가지 순서로 진행한다. 홈스테이징에서는 구매자에게 좋은 인상을 주고, 판매자의 생활감이나 개성을 드러내지 않도록 강약을 조절하는 것이 무엇보다 중요하다.

'나누기'는 집안에 있는 의류·식기·식품·문구류·책 등을 '장르별'로 나누는 것이다. 나누는 것으로 물건의 전체적인 양이 파악되고 줄이기 쉬워진다. 분류가 끝나면 다음으로 '줄이기'를 한다. 완전히 다 버리지 않고 평소 자주 사용하는, 현재 생활에 필요한 물건만 남긴다. 이렇게 정리를 함으로써 불필요한 것이 파악된다. 그런데 아무리 생각해도 버릴 것이 없다면 잠시 다용도실이나 임대 창고 등에 보관을 해두어도 된다.

물건을 줄이면 다음으로 '수납하기'를 한다. 홈스테이징에서는 일반적인 정리수납과 다르게 구매자의 시선이 자연스럽게 집중되어 매물의 매력을 높이는 '포컬 포인트'를 의식하고 수납을 진행해야 한다. 즉, 이때 일반적인 정리수납과 다르게 시각적 연출 기법(visual merchandising)을 활용해 수납한다. 예를 들어, 다음 그림과 같이 주방의 식기그릇이나 식탁 위, 낮은 협탁이나 소파, 테이블 위을 정리할 때, 부동산의 시각적 연출, 기법은 시각적 체계화(visual organization, 시각적 정리정돈, 눈으로 보았을 때 무엇인가 체계적으로 잡혀있도록 하는 것)를 주어야 한다.

정리를 할 때, 먼저 사물의 높이에 따라 사람의 시선이 달라진다는 것을 인지해야 한다. 다음 그림과 같이 사람의 시선은 높이 180cm 이하의 C존에 먼저 머물고, 그다음으로 높이 90cm 이하의 B존, 그다음으로 높이 60cm 이하의 A존에 머문다. 이러한 고객의 시선을 고려해 사람이 이동하는 통로 쪽은 가구나 집기들을 낮게 배치하고, 벽면으로 갈수록 높은 책장이나 수납장·장식장이 가도

부동산 상품을 위한 수직적 시선과 정리법

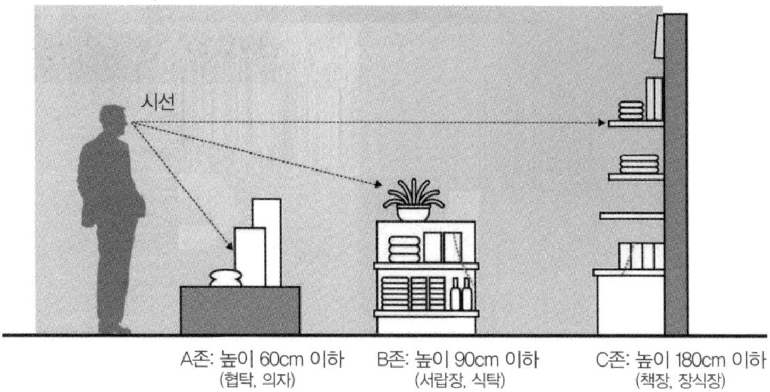

부동산 상품의 가치를 높이는 주방 진열장의 수납 연출법

<table>
<tr><th>선반 진열법</th><th>접시</th><th>진열장</th></tr>
<tr><td>수직 진열
(수직으로
반복 배열)</td><td>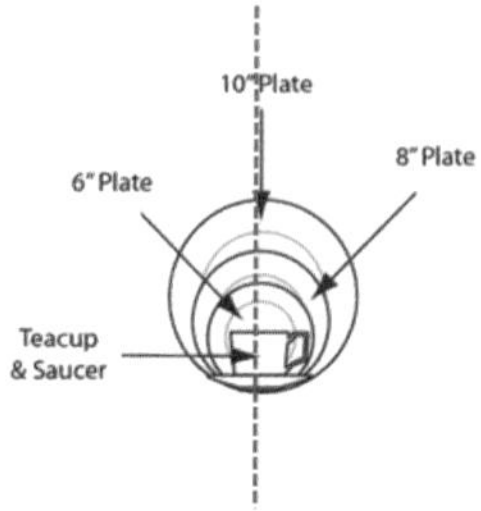
</td><td>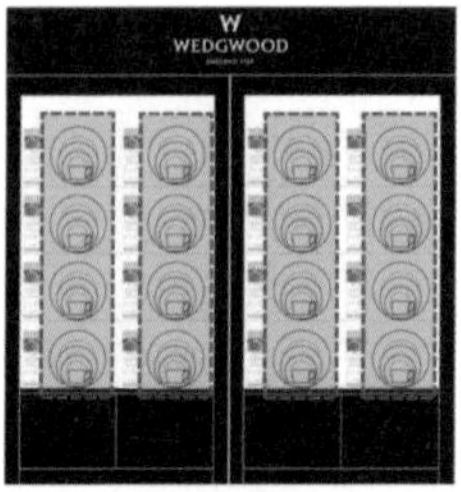
</td></tr>
<tr><td>수평 진열
(부등변
삼각형 구도로
수평 배열)</td><td>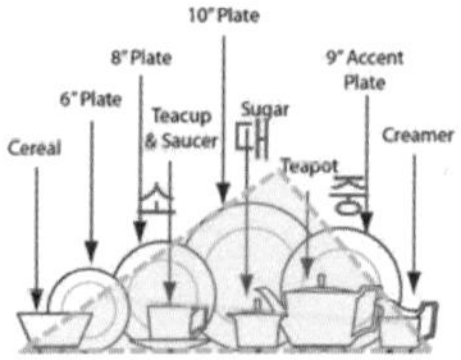
</td><td>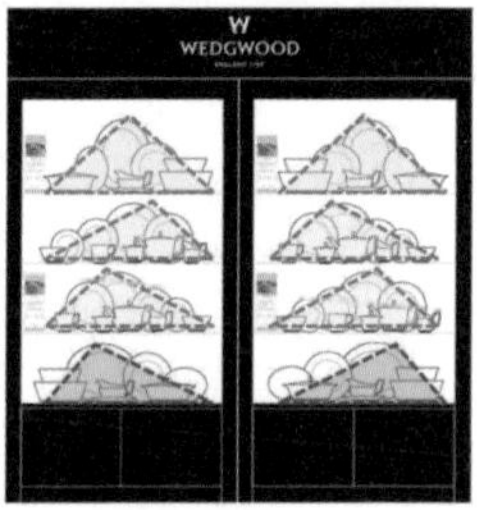
</td></tr>
<tr><td>그루핑 진열
(정삼각형 구도로
그루핑 배열)</td><td>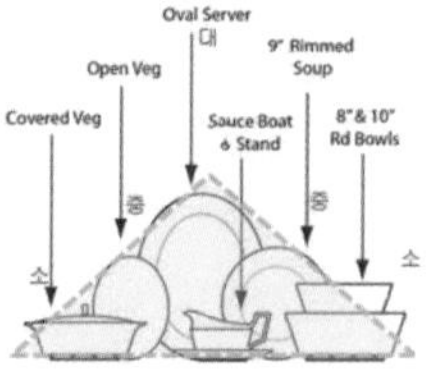
</td><td>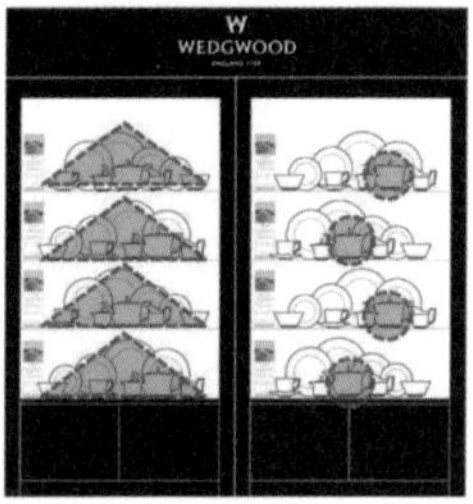
</td></tr>
</table>

록 해 해당 매물이 상품으로서 잘 보여질 수 있도록 한다.

정돈을 할 때 위 표와 같이 진열기법을 활용하면 시각적 체계화를 줄 수 있다. 수직진열은 수평진열에 비해 같은 선반에 진열한 경우 더 많은 품목들, 같은 품목일 경우에는 더 많은 디자인을 보여줄 수 있으며, 다소 떨어진 곳에서도 품목의 다양함을 보여줄 수 있는 장점이 있다. 여러 접시를 포개어 하나의 그룹을 만들어 이것을 수직으로 반복해서 배열하는 방법이다. 이러한 수직진열은 수납장이 좁고 높은 경우 정돈의 효과를 더 높힐수 있다.

수평진열은 책장이나 장식장, 수납장같이 가로로 긴 가구에 효과적이다. 같은 아이템이라도 디자인, 색상 등에서 약간씩 차이가 있는 상품들이 많을 경우에는 수평진열이 더 효과적이다. 그러나 가로로 일률적으로 하는 경우 자칫 밋밋해질 수 있어서 약간의 변화(variation, 다양성), 반복, 리듬 효과를 주면 더 연출 효과가 뛰어나다.

그루핑 진열은 상품구성을 할 때 자주 이용되는 동일상품, 유사상품, 관련성이 높은 상품을 각각 하나로 묶어 그룹별로 묶는 방법이다. 이것은 진열하고자 하는 아이템이 크기나 모양, 색상이 다른 경우, 하나의 공통점을 찾아서 그룹으로 묶는 것이다. 다음 표에서 그루핑 진열은 동일한 묶음으로 연출하더라도 정삼각형이나 부등변삼각형 등 약간의 변화를 주면 단조로움을 피할 수 있다. 그러나 홈스테이징에서 주의해야 할 것은 상점의 연출이 아니기 때문에 너무 산만하지 않도록 하는 것이다.

일정한 규칙을 주어 정돈하라

정리를 통해 버리는 것과 수납하는 것을 결정하면, 이후에는 가구와 소품을 이용해 정돈을 한다. 정리는 버리는 것으로 결정이 된다면, 남아 있는 물건들에 대해 질서를 부여하는 것이 정돈이다.

소품을 활용한 거실장의 연출기법

소품 연출 기법	거실장 연출	특징
디자인별	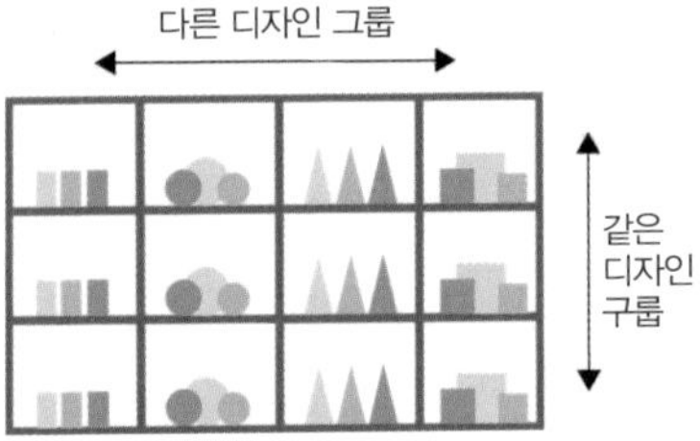	같은 것끼리 그루핑
색상별	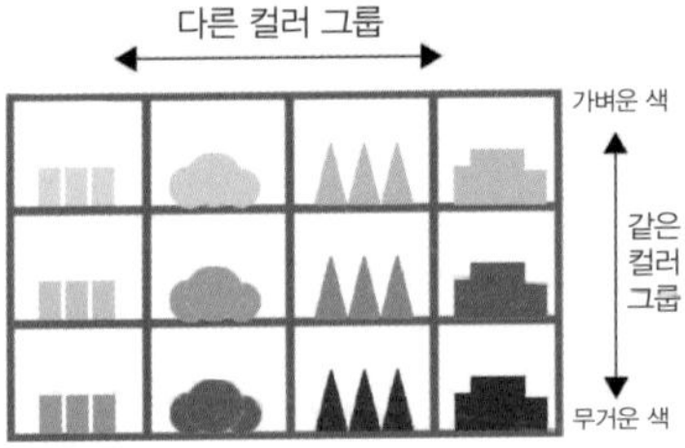	위는 가벼운 색, 아래는 무거운 색
크기별	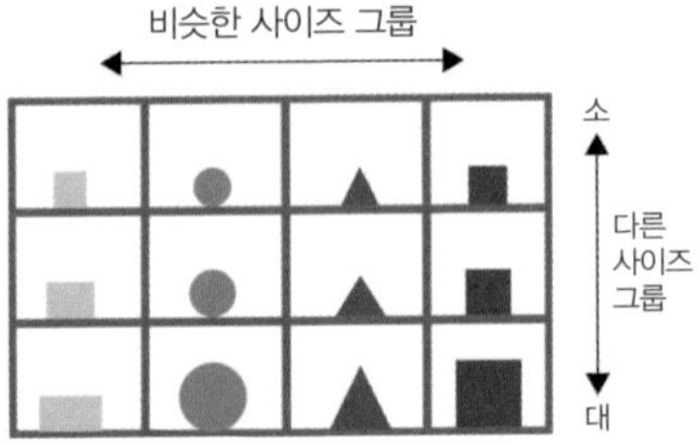	위는 작은 것, 아래는 큰 것

매물을 상품으로서 보여주기 위해 각 공간마다 포컬 포인트를 만든다. 포컬 포인트가 되는 벽면은 특히 신경을 써서 인테리어 소품이나 식물 등으로 연출을 한다. 이때 거실이나 주방의 장식장은 고객의 시선이 먼저 머무는 곳이다. 이곳은 위 표와 같이 디자인별, 색상별, 크기별로 포인트가 될 수 있는 소품으로 연출한다.

디자인별 정돈은 크기나 색상이 다를 경우, 같은 디자인끼리 또는 테마가 비슷한 것끼리 모으는 것이다. 수직으로 기준선을 잡고 서로 다른 디자인별로 각각 정돈하면 좋다. 색상별 정돈은 색상을 기준으로 위에서 아래로 가벼운 색에서 무거운 색으로 정돈하거나 좌측에서 우측으로 밝은 색에서 어두운 색으로 한다. 크기별 정돈은 시각적으로 무거운 것을 아래쪽에 둔다. 그래서 큰 사이즈는 아래에 작은 사이즈는 위에 두어 정돈한다.

스타일 메이킹 단계2: 청소세척

청소로 건물의 이미지를 높여라

내놓는 매물을 청소한다는 것은 이미지를 바꾸는 것과 같다. 일례로, 중고차를 중고상에 내놓을 때 차의 내부와 외부까지 청소를 하고 왁스까지 해서 중고시장 광고에 올려놓으면 좀 더 높은 가격에 올려 팔 수 있다. 이처럼 부동산도 매각할 때 지저분한 상태로 내놓아 구매 예정자에게 청결하지 못한 이미지를 주어 원하는 가격을 받지 못하는 것은 지양해야 한다. 청소를 해 이미지를 청결하게 하여 좀 더 비싸게 팔릴 수 있는 가능성을 만들어야 한다.

네 가지 요소로 청결을 유지하라

집을 내놓기로 마음을 먹었다면, 늘 다음과 같은 순서로 청소를 하고 언제 팔릴지 모르는 매물을 잘 가꾸어야 한다. 청소는 단순히 쓸고 닦는 것이 아니다. 청소도 기술과 요령이다. 청소는 닦는 장소(높은 곳 → 낮은 곳), 닦는 방법(위 → 아래), 도구 사용(솔 → 청소기), 마무리(젖은 상태 → 마른 상태)에 따라 청결도가 달라진다.

첫째, 청소는 닦는 장소에 따라 높은 곳에서 낮은 곳으로 시작한다. 예를 들어, 부엌의 높은 선반장의 위를 청소하고 그다음 선반과 바닥을 청소한다. 그리고 집 안의 먼지를 집 밖으로 쓸어내기 위해 현관에서 먼 곳부터 청소를 해서 밖으로 나온다. 이렇게 현관의 먼 곳부터 청소하면 청소의 효율성을 높여준다.

둘째, 닦는 방법은 위에서 아래로 한다. 예를 들어, 욕실 거울이나 거실 유리창의 경우 전용 유리창 닦기용 고무주걱과 마른 걸레를 사용해 위에서 아래로 닦아 내려온다. 유리창을 닦을 때 사람들은 일반적으로 수평으로 포물선을 그리며 닦는 경우가 많다. 이런 경우, 물기가 남아 위에서 아래로 흘러내려 이후에 자국으로 남게 된다. 물기가 있는 상태의 유리에 고무주걱을 사용해 먼저 좌측에서 우측 방향으로 수평이 되게 밀어 우측에 물기를 모은다. 이 상태에서 주걱을 수직 아래로 힘을 주어 닦아 내려오는 것이다. 즉, 고무주걱을 이용해 'ㄱ'자를 그리듯이 닦아 위에서 아래로 내려온다.

셋째, 적재적소에 맞는 청소 도구를 사용한다. 청소도 도구를 잘 활용해야 한다. 물기가 있는 욕실 거울을 닦을 때는 전용수건으로 닦지 않아 스크래치가 나는 경우가 있고 주방의 가열대 주변에는 기름때 전용 세제를 사용하지 않아 오래된 얼룩이 그대로 방치된 곳이 많다. 이런 경우, 욕실은 락스와 솔을 사용해 바닥, 벽의 물때를 제거하고 주방은 기름때 전용세제와 솔을 사용한다.

넷째, 청소의 마무리는 건조 상태다. 주방 청소의 경우, 싱크대 주변을 청소하고 마른 걸레로 닦는 경우가 많지만, 욕실 청소의 경우 물청소까지만 하고 끝내는 경우가 많다. 물기가 있는 상태에서 마르게 되면 나중에 얼룩이 남아 오히려 더 지저분해진다. 그래서 욕실도 주방의 싱크대처럼 마른 걸레로 천장부터 바닥까지, 욕실의 변기까지 말끔히 마른 걸레로 닦아 습기를 없애야 한다. 방문한 고객이 깨끗하고 뽀송한 욕실을 보면 더 좋은 인상을 갖게 될 것이다.

스타일 메이킹 단계3: 수리보수

물을 이용하는 곳(주방, 욕실 등)과 조명, 문 등에 고장이 있다면, 구매자는 입주 후에 수리를 해야 한다. 이런 부분이 많다면 집의 인상이 좋지 않고 가격을 낮추려는 흥정에도 영향을 미치게 된다. 우선 고칠 수 있는 것은 고치도록 한다. 포인트는 고객의 시선이다. '내가 만약 고객이라면 어떻게 생각할까?' 하고 항상 의식하도록 한다.

스타일 메이킹 단계4: 공간연출

해당 매물의 구입을 희망하는 고객은 물건을 처음 보고 30초 이내로 자신과 맞는 집인지 아닌지를 정한다. 우리는 이 찰나의 순간에 최대한 고객의 흥미를 끌어내야 한다. 대부분의 고객은 한 번

보고 마음에 들지 않으면 다시 돌아오지 않기 때문이다.

그래서 내놓는 매물에는 고객의 마음과 흥미를 끌어내도록 공간 연출이 중요하다. 연출은 부동산 전체에 대한 어프로치(approach, 접근)부터 시작한다. 그리고 실내·외부의 콘셉트를 잡고, 리디자인에 대한 진행 방향을 설정하며, 하나씩 세일즈 포인트를 만들어나간다.

그러나 여기서 중요한 점은 상품으로서 돋보이게 연출을 한다는 것이다. 연출을 한다는 것은 '보여주는 곳'을 만드는 것이다. 고객에게 잘 보여줄 수 있도록 포컬 포인트와 같은 장치를 만드는 것이 필요하다. 다음 그림처럼 고객이 공간에 들어오면, 고객의 움직임은 점·선·면으로 나타난다. 여기서 각 코너에서 마주하게 되는 점(point)은 포컬 포인트(focal point)가 된다. 하나의 선(line)은 고객이 움직이는 동선(circulation)이 되고, 고객이 어느 한 곳에서 머물게 되는 면(plane)은 바닥면이나 벽면과 같은 접촉면이 된다.

점은 부동산 매물에서 초점이 된다. 이러한 초점은 포컬 포인트로서 매물의 공간에서 어디에 두고 어떻게 만드는지가 중요하다. 또한 점은 해당 매물 안에서 다른 공간(예: 현관에서 거실, 거실에서 부엌 등)으로 이동할 수 있는 매력적 요소가 된다. 고객이 다른 곳을 살짝 둘러볼 때 다른 곳의 초점을 보게 되면 그곳으로 자연스럽게 발이 옮겨진다. 그래서 공간에서 초점, 즉 포컬 포인트가 중요하다. 어디에 포컬 포인트를 만들지 각 공간에 대한 포컬 포인트의 위치는 뒤에서 자세히 다루도록 하겠다.

공간에서의 연출 포인트

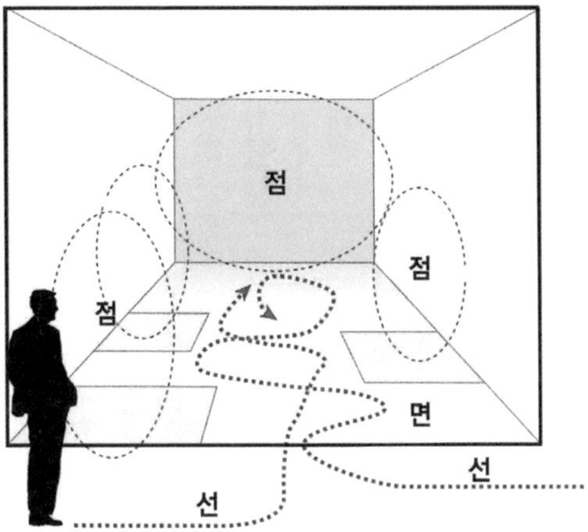

구체적으로 보면, 선은 고객의 움직임을 의미한다. 고객의 움직임은 '집안으로 들어오기, 둘러보기, 멈춰 서기, 자세히 보기, 확인하기, 구입하기'의 여섯 가지의 행위로 나타난다. 이러한 고객의 움직임은 구매 심리로 연결되기 때문에 중요하다.

면은 포컬 포인트가 있는 벽면이나 고객이 움직이는 동선에서 마주하게 되는 벽면이 된다. 그래서 점과 선을 길고 복잡하게 하면 면은 커진다. 즉, 고객이 해당 매물을 구석구석 돌아보게 만드는 것이 점과 선이고, 이를 계속 더 늘려나가는 것이 면이 된다. 최대한 구석구석 돌아보고 오래 그 공간에 머물도록 하는 전략이 필요하다. 오래 머물고 간 고객은 곧 다시 온다. 그리고 그 해당 매물은 계약으로 이루어져 매각이 된다.

4장

홈스테이징의 기본 원칙

홈스테이징의 가이드라인

명확한 타깃을 잡아라

홈스테이징의 영역은 특정한 고객이라고 해도 너무 세분화된 고객이 아니라 연령층이나 소득층에서 두루두루 공감이 갈 만한 것이어야 한다. 그래서 홈스테이징을 할 때 기본적으로 알아두어야 할 가이드라인은 타깃을 명확히 하고, 정해진 타깃에 맞추어 구매 예정자를 위한 라이프스타일을 찾으며, 공간의 레이아웃을 정하는 것이다.

제일 먼저 해야 할 것은 내놓는 매물에 어떤 고객이 구경하러 올지 예상 타깃을 정하는 것이다. 고객에게 무엇을 보여주고 전달하고 싶은지 명확히 해야 한다. 이 기본적인 생각이 애매해지면 타깃팅이 빗나가게 된다. "잘 팔리니깐 이 소품을 준비했다"거나, "인기가 있으니깐 이 스타일을 정했다"거나 하는 것은 전부 애매한 상태로 만드는 요인이 된다.

해당 매물에 대한 가이드라인이 정확해야 한다. 가이드라인은 정확한 타깃을 찾는 것에서부터 시작된다. 다음 표와 같이 타깃을 찾기 위한 기본 고려사항으로는 예상 고객의 연령, 소득수준, 가족 구성, 라이프스타일, 세일즈 포인트가 있다. 이것을 통해 타깃을 정하고, 어떻게 보여줄 것인지 공간연출로 표현을 한다.

구분	내용
연령	
소득수준	
가족 구성	
라이프스타일	
세일즈 포인트	

타깃은 가능한 한 구체적으로 대상을 정하는 것이 중요하다. 어떤 타깃에 맞추어 상품을 만들 것인지 구매 유도 포인트로서 중요하다. 타깃을 명확히 하기 위해서는 다음 그림처럼 라이프스타일, 생애 단계, 연령별로 나누고 여기서 어느 정도 범위가 좁혀지면 상

타깃 정하기

타깃

라이프스타일
- 생활양식
- 생활습관
- 취미
- 사는 방식
- 취향

생애 단계
- 아기
- 학생
- 독신
- 가족
- 기혼
- 노년

연령별
- 유소년기: 0~14세
  - 영유아기(0~3세)
  - 미취학 아동기(4~7세)
  - 학령기(8~14세)
- 생산가능기: 15~64세
  - 청소년기(15~19세)
  - 청년기(20~39세)
  - 중년기(40~49세)
  - 장년기(50~64세)
- 고령기: 65세 이상~
  - 실버(65세~)

→

비주얼 프레젠테이션
- 콘셉트의 명확화
- 상품화 계획
  - 연출 디자인
  - 매물 예상 가격
  - 색상
- 판매 계획
- 판매 예상 기간 및 목표

* e-나라지표의 인구구조 참조

자료 참고: 《売り場づくりの法則84》, 2009 부분 발췌

품화 계획을 한다. 상품화 계획을 할 때는 연출디자인, 매물 예상 가격, 컬러 등을 고려하고, 이후 판매 계획까지 고려한다.

구매 예정자를 고려한 스타일을 정하라

홈스테이징을 할 때 전반적으로 누구나 생각할 수 있게끔 한다.

'누구나 생각할 수 있게끔 한다'는 것은 공감영역을 만드는 것이다. 이러한 공감영역은 동시대를 살아가는 사람들이 대부분 생각하는 것, 느끼는 것으로 라이프스타일(life style, 생활방식)이 대표적이다.

사람들이 살아가는 방식을 나타낸 라이프스타일 중 인테리어 디자인에서 하나의 표본으로 만든 것이 '스타일'이다. 즉, 스타일은 개인이나 시대에 따른 특징적인 생활 패턴을 표현한 것으로 다양한 시대와 생활방식이 섞여 만들어진다.

스타일의 분류

해당 매물에 대한 콘셉트 기획에서 입지 분석까지 끝나면 구매 예정자를 고려한 스타일을 정해야 한다. 그러나 스타일을 정할 때 단순히 보여주는 것으로 끝나면 안 된다. 즉, 구매 예정자의 구매 이후의 삶을 상상할 수 있도록 스타일을 정해야 한다. 홈스테이징이 인테리어와 차별화되는 점은 바로 여기에 있다. 너무 화려하지

거실 사진

출처: CHSSP

도 않으면서 구매 예정자를 고려해 인테리어 스타일을 만들기 때문에 최근 대표적으로 유행하는 스타일이나 특정 계층이나 연령층이 좋아할 만한 스타일로 선정해 만들어야 한다.

위 사진은 어느 단독주택의 거실이다. 작은 정방형의 거실은 좁아서 4인 가족이 모여 이야기를 나누기 위한 큰 테이블을 두기 어렵다. 그러나 1~2인을 위한 식사나 휴식을 위한 거실로 활용해 작은 사이드 테이블(side table, 보조용 테이블)이나 넥스트 테이블(next table, 3단 협탁)을 사용할 수 있는 장점이 있다. 이처럼 현재 상황 파악을 통해 콘셉트의 기획을 잡고, 다음으로 구체적인 타깃팅을 한다. 전체적인 내추럴한 무드의 공간은 중년 부부를 위한 것으로 타깃팅하고, 정방형의 작은 거실은 상품으로 연출하기 위해 시골의

한적한 무드의 컨트리(country) 스타일로 설정한다.

공간을 레이아웃하라

부동산 매물의 레이아웃을 구성하는 기준은 사람, 가구, 기타 장식소품이다. 공간의 레이아웃은 놓여지는 가구에 많이 좌우된다. 그래서 공간 레이아웃을 할 때 꼭 알아두어야 하는 것은 가구의 치수와 배치다. 특히 침실, 거실, 부엌의 가구 치수와 배치는 익혀둘 필요가 있다.

침실, 침대 배치가 좌우한다

침실은 침대 매트리스가 크기를 좌우한다. 침대의 사이즈가 공간 안에서 어떻게 배치되는지에 따라 넓어 보이기도 하고, 좁아 보이기도 하며, 때로는 적당한 소품을 연출할 수 있는 구도가 나오지 않기도 한다. 다음 그림은 싱글베드, 더블베드, 1인용 이불의 치수다. 또한 요즘 싱글들이 많이 사용하는 슈퍼싱글베드는 가로폭이 1,100~1,200mm 정도다.

침실의 사이즈는 매트리스나 이불의 사이즈가 중요하다. 그러나 이를 비어 있는 매물에서 어떻게 배치하는지에 따라 공간이 매력적이기도 하고 그렇지도 않기도 하다. 일반적으로 사람들이 생활할 때는 넓은 공간을 좋아해서 한쪽 벽에 몰아 붙여 배치하는 경우가 많다. 그러나 홈스테이징에서는 거주자의 생활편리보다 구

싱글베드, 더블베드, 1인용 이불의 치수

(단위: mm)

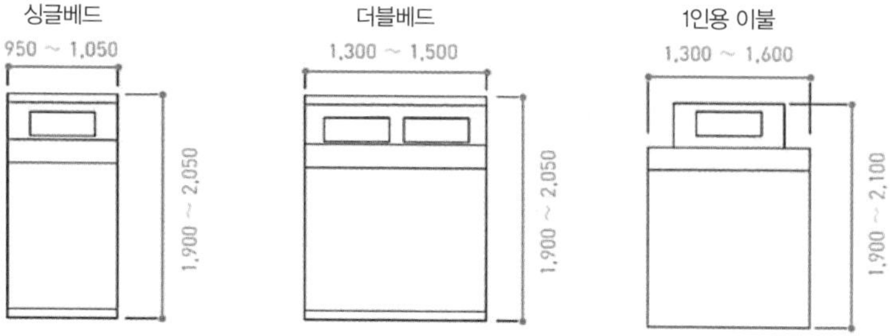

출처: 《インテリアコーディネーター合格テキスト》, 2019

침대 배치와 여유 공간 치수

(단위: mm)

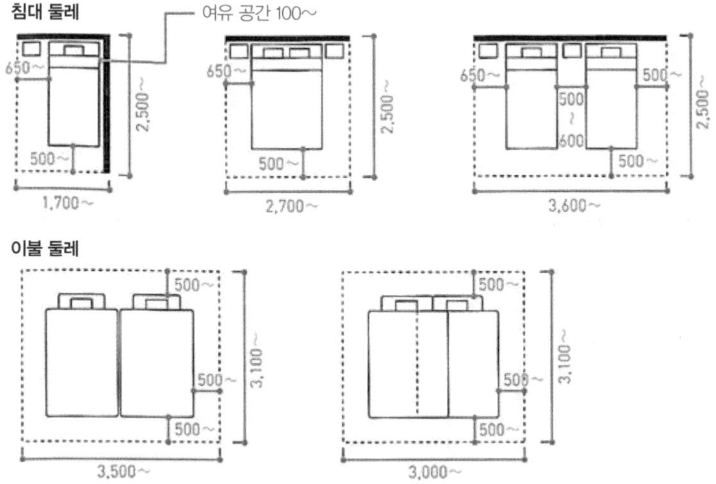

출처: 《インテリアコーディネーター合格テキスト》, 2019

매 예정자를 위한 어필 포인트를 만들기 위한 것으로 연출을 위해 침대를 벽에서 띄워 중앙에 위치시킨다.

침실의 중앙에 침대를 두어 좌우대칭 구조가 되게 한다. 좌우대칭 구조로 배치를 하면 공간이 편안하고 아늑해 보인다. 실제로 생활하기에 불편할 수 있지만 심리적으로 편안함을 주기 위해서 이 방법을 활용한다.

거실, 대화를 이루는 소파 배치를 한다

또한 거실은 고객이 실내로 들어와 현관 다음으로 접하게 되는 중요한 장소다. 이곳은 청소상태, 정리상태, 공간연출상태에 따라 고객이 구매자로 바뀔지 여부가 확연히 달라진다. 좁은 거실이라도 어떤 가구를 배치하는지에 따라 넓어 보이기도 하고 때로는 이

거실의 배치와 치수

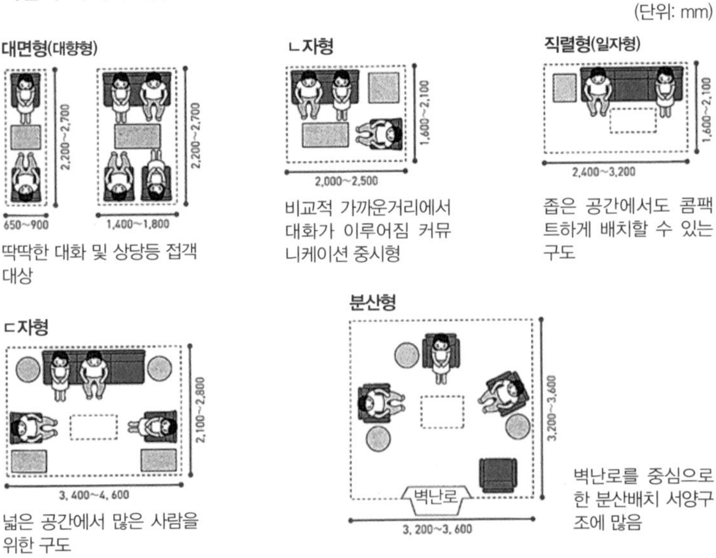

출처: 《インテリアコーディネーター合格テキスト》, 2019

색적인 공간으로 보이기도 한다.

거실의 소파 배치는 대화를 어떻게 하는지에 따라 대면형, L자형, 직렬형(일자형), ㄷ자형, 분산형으로 구분한다. 거주자가 생활에 있어 편리를 위해 직렬형(일자형)으로 가구를 배치하는 경우가 많지만, 홈스테이징에서는 구매자의 구매 이후의 생활을 상상할 수 있도록 ㄷ자형, L자형, 분산형으로 각 분위기에 따라 연출을 한다. 예컨대 벽난로나 TV를 중심으로 단란한 가족의 분위기를 만들고자 한다면, 분산형으로 가구를 배치하고 주변에 협탁이나 플로어 스탠드 등으로 연출한다. 또한 심플하고 모던한 거실의 분위기를 만들고자 한다면, ㄴ자형, 직렬형으로 가구를 배치하고 벽면도 함께 활용해 분위기를 만든다.

부엌, 요리하는 모습을 보여준다

부엌은 조리하는 공간(Kitchen, K)과 식사하는 공간(Dining, D)으로 구분한다. 그리고 공간의 크기에 따라 거실(Living, L)을 같이 배치하는 경우도 있다. 트렌드에 따라 부엌의 공간 레이아웃이 많이 바뀌고 있다. 오래된 주택의 부엌은 공간이 작거나 거실과 분리된 경우도 있다. 여러 가지 해당 매물의 상태를 보고 공간을 어떻게 고객에게 장점으로 부각시켜 보여줄지 고민을 많이 해야 되는 곳이기도 하다.

다음 그림은 일체형 원룸에서부터 식당, 거실과 분리된 형태 등 다양한 부엌의 형태를 보여준다. 또한 좁은 부엌공간은 식탁 배치

부엌의 배치와 치수

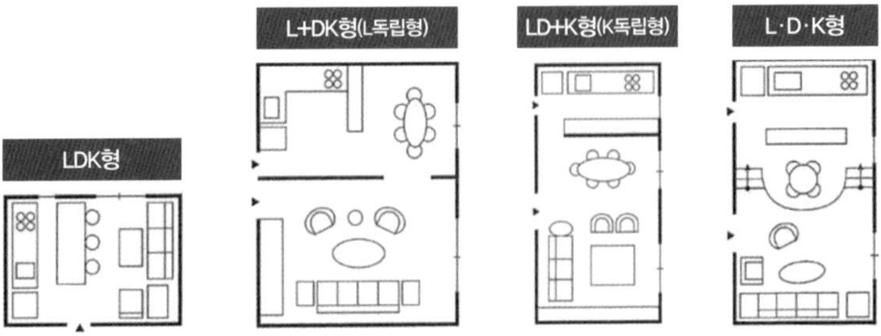

식탁의 배치와 치수

(단위: mm)

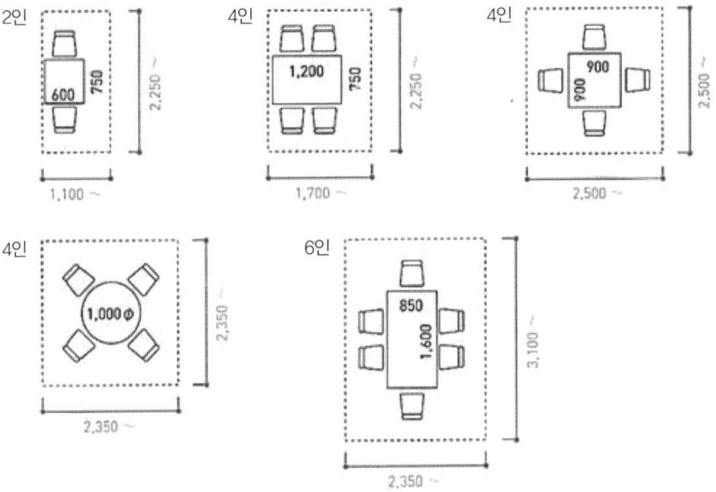

출처: 《インテリアコーディネーター合格テキスト》, 2019

를 잘못해 공간이 더 좁아 보일 수 있어 배치에 신경을 써야 한다.

입체적으로 생각하라

어느 정도 공간에 대한 스타일도 정하고, 평면의 레이아웃도 정해지면 실제 공간에 가구와 스타일이 맞을지 입체감 있는 시뮬레이션이 필요하다. 룸 스타일러(room styler)는 초보자도 간단히 할 수 있는 3D 가상 인테리어 플래닝 프로그램이다. 이를 이용해 간단히 공간의 색채와 재료의 이미지를 파악할 수 있는 무드보드(mood board)와 평면적인 레이아웃의 공간플래닝(space planning), 3차원의

룸 스타일러 메인 화면과 공간 레이아웃 작업 화면

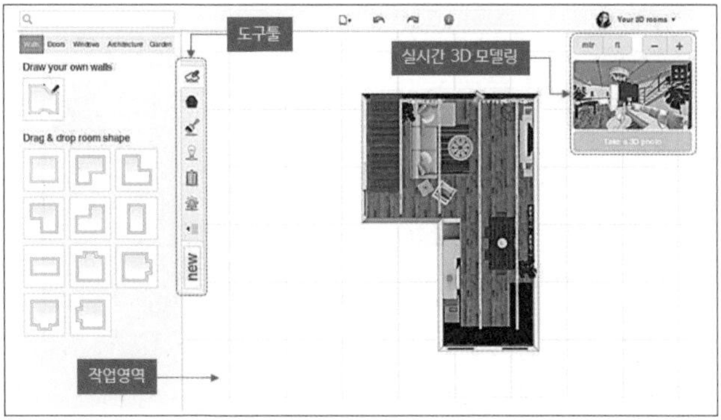

출처: www.roomstyler.com

컨트리 코티지 스타일 무드보드

3D 모델링도 무료로 할 수 있다. 위 사진은 룸 스타일러의 무드보드를 활용해 거실에 대한 분위기를 만든 것이다.

무드보드를 활용해 2차원의 공간에 가구와 소품들을 배치한다. 이때 인체치수와 가구 크기를 고려해 평면적인 레이아웃을 한다.

룸 스타일러를 활용한 가구 배치와 공간 레이아웃

룸 스타일러를 활용한 컨트리 코티지 스타일 모델링

그리고 2차원의 공간 레이아웃을 3차원으로 보면 위 그림과 같이 렌더링이 된 그래픽이 나온다.

연출이 돋보이는 포인트 만들기

제안이 있는 연출로 돋보이다

연출은 보여주는 곳을 만드는 것이다. 판매자가 의도하는 '제안이 있는 연출'이 바로 돋보이는 포인트이다. 이러한 제안은 해당 매물이 구매 예정자에게 "어떠신가요?"라고 메시지를 던지는 것이다. 무엇인가 보여주기 위해서는 매력을 표현해야 한다.

홈스테이징에서는 항상 포컬 포인트를 의식해야 한다. 텅 비어있는 공간보다 해당 매물에 플로어 스탠드나 식물, 오브제(object, 장식적 소품) 등으로 포컬 포인트를 만들면 구매자의 인상을 높일 수 있다. 다음 그림처럼 비어있는 매물이나 재택 거주자가 있는 매물인 경우, 공간이 텅 비어있다고 가정하고 각 공간에 처음 발을 내딛을 때 구매 예정자의 시선으로 먼저 보여지는 장소를 찍어둔다. 그곳이 바로 포컬 포인트가 된다.

포컬 포인트가 되는 곳

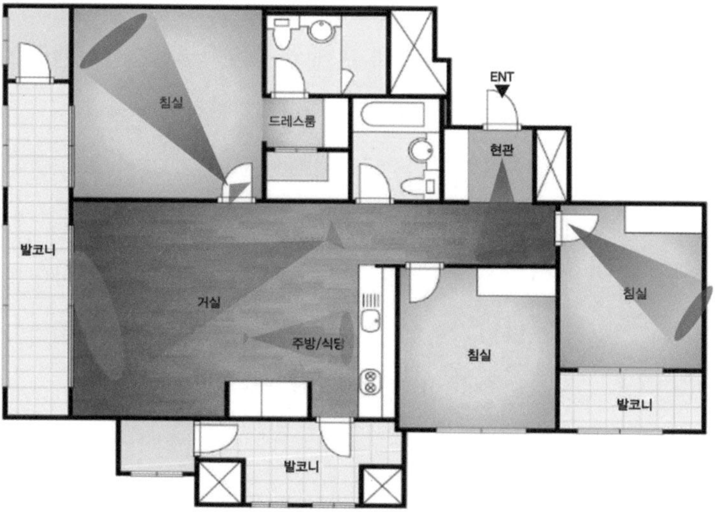

예컨대 현관의 포컬 포인트는 문을 열고 들어서면 제일 먼저 보이는 곳으로 중문이나 현관에 마주하는 벽면이다. 그리고 복도를 따라 실내로 들어오면 넓은 거실을 마주하게 된다. 이때 거실에서 처음으로 마주하게 되는 창문이나 벽면이 포컬 포인트가 된다.

이러한 포컬 포인트가 되는 곳에는 어떤 연출을 해야 할까? 그곳은 고객에게 어떤 메시지와 인상을 줄지 계획을 해야 한다. 그리고 포컬 포인트는 무엇으로 만들며, 어떻게 만들어야 할까? 여기서는 대표적으로 공간에서 분위기 요소를 결정짓는 컬러와 소품 배치에 대해 설명하겠다.

색으로 초점 만들기

컬러, 색 사용의 기본이다

지속적으로 색상의 중요성에 대해 강조하고 있듯이 인테리어를 하는 경우, 색채(C, Color)·재료(M, Material)·마감(F, Finish)·형태(S, Shape)의 CMFS가 중요하다. 인테리어에서는 이 네 가지 요소가 잘 어울리고 정리되어야 아름답게 보인다. 그러나 홈스테이징은 인테리어의 전체적인 실내 재료와 마감을 변경해 분위기를 바꾸는 것보다 간단한 스타일링으로 연출을 한다. 그래서 홈스테이징에서는 컬러에 대한 비중이 인테리어 공사보다 높다.

출입문을 열고 실내공간에 들어섰을 때, 그 공간의 바닥과 벽, 천장, 그리고 문을 보면 공간의 색이 거의 정해진다. 즉, 그 베이스가 되는 색은 리폼을 하지 않는 이상 바뀌지 않는다. 스테이징을 할 때 베이스 색과 맞지 않는 색은 사용하지 않도록 한다.

최근 인테리어 트렌드는 실내 내장마감재를 화이트의 마블대리석과 화이트 페인트로 마감을 하는 것이 유행하고 있다. 실내공간에서 바닥, 벽, 천장의 색은 어떤 감정이나 분위기를 드러내지 않는 무채색을 기본으로 하고 있다.

그래서 공간에 악센트를 주기 위해 포인트용으로 소품을 활용한다. 스테이징에서는 소품이 너무 베이스와 같은 컬러여도 안 되고 너무 개성적이어도 안 된다. 베이스 컬러는 어디까지나 기본이다. 예를 들어, 때 묻지 않은 새하얀 벽과 짙은 갈색의 바닥으로 된 방에는 새하얀 시계가 전혀 눈에 띄지 않게 되고, 연한 나뭇결 재질의 테이블도 바닥의 짙은 갈색과는 맞지 않는다. 즉, 너무 묻혀 있는 색으로 선정하지 않는다.

이런 경우 다음 사진처럼 화이트 컬러의 대리석으로 된 바닥으로 인해 흰색을 베이스로 정한다면, 벽면은 흰색보다 어두운 회색으로 하고, 여기에 흰색의 대리석이 튀어나오는 효과가 있으므로 이를 시각적으로 눌러주기 위해 브라운 컬러의 침대나 유사색의 보라색과 네이비색 체어로 눌러준다. 이것을 무드보드로 만들어 정확한 스타일의 무드와 전체적인 컬러 콘셉트를 확인한다.

프렌치 클래식 스타일의 무드보드

한 개의 공간에 너무 많은 색을 사용하지 않는다

너무 많은 색은 공간의 초점을 흐린다. 다음 그림처럼 고객이 해당 매물에 들어서서 실내를 둘러보는 경우, 어느 한 공간에 다

한 개의 공간에서의 초점

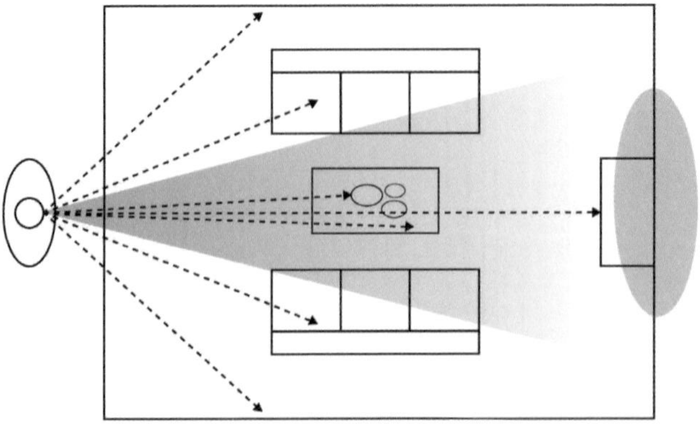

도착했을 때 먼저 눈에 들어오는 것(맞은편의 벽면)과 이후에 주변의 것들(가구, 테이블, 테이블 위의 소품, 주변 벽)이 있다.

예를 들어, 고객이 해당 매물의 거실에 서서 둘러보는 경우 초점은 맞은편 벽에 머물게 된다. 그리고 그 초점 앞에 있는 나머지 사물들이 눈에 들어오게 된다. 그중 고객의 시야에 가장 많이 들어오는 것이 색채다. 그래서 한 개의 공간에 너무 많은 색을 사용하지 않는다. 바닥 재료나 벽, 소품을 포함해서 하나의 공간에 3~4가지 정도의 색이 적당하다.

이것은 모두 같은 채도와 명도를 가진 세 가지의 색이 아니라 범위를 넓게 봐서 세 가지라는 것이다. 진한 녹색, 살짝 진한 녹색, 이보다 더 연한 녹색 등 조금씩 달라도 상관이 없다. 요즘은 같은 색상이어도 톤(tone)의 변화를 주면 더 매력적이고 세련된 느낌을 준다.

페인트 색상이나 벽지의 색상도 최소한으로 사용하면서 톤에 변화를 주면 된다. 이러한 톤은 전반적인 공간의 분위기와 느낌을 쉽게 바꿀 수 있다. 같은 컬러라도 톤의 변화를 어떻게 주는지에 따라 공간의 분위기가 달라진다. 요즘에는 이러한 톤의 변화를 공간에 어떻게 주는지에 따라 공간의 감각도 달라져 보인다.

눈에 띄는 초점 만들기

고객이 매물을 구입하는 경우, 어떤 방법으로든 현장에 와서 보게 된다. 이때 중요한 것은 '어떻게 하면 최대한 고객의 눈에 띌 것이냐?'이다. 고객의 눈에 띄기 위해서는 먼저 세 가지 연출 포인트로 강약을 주어야 한다. 해당 매물을 친절하게, 아름답고 매력적으로, 공감할 수 있게 해야 한다.

첫째, 해당 매물을 친절하게 보여주는 것은 그 자체를 보여주는 것이다. 해당 공간이 좁거나 구조가 불편한 부분이 있다면 솔직히 그대로 보여주는 것이다. 그러나 해당 매물의 단점으로서만 인정하고 내버려 둔다면 부동산의 가치를 올릴 수가 없다. 그래서 둘째, 아름답고 매력적으로 보여주어야 한다. 그리고 셋째, 만족할 수 있고 공감이 가도록 해야 한다. 특히 공감이 가도록 하기 위해서는 구매 예정자에게 어떤 메시지를 전달하는지에 따라 그 공감대는 훨씬 올라간다.

이러한 세 가지를 염두에 두고 고객에게 메시지를 전해야 한다.

고객의 눈에 잘 띄도록 연출하기 위해서는 레이아웃, 시선, 표현에 대해 고려해봐야 한다.

첫째, 레이아웃은 고객의 동선이 포인트다. 고객 동선에 대해 정면에 위치하는 곳이 눈에 띄는 장소다. 동선에 대해 평행하게 레이아웃을 짜면 그대로 흘러가게 되므로 효과가 떨어진다.

고객동선과 눈에 띄는 초점

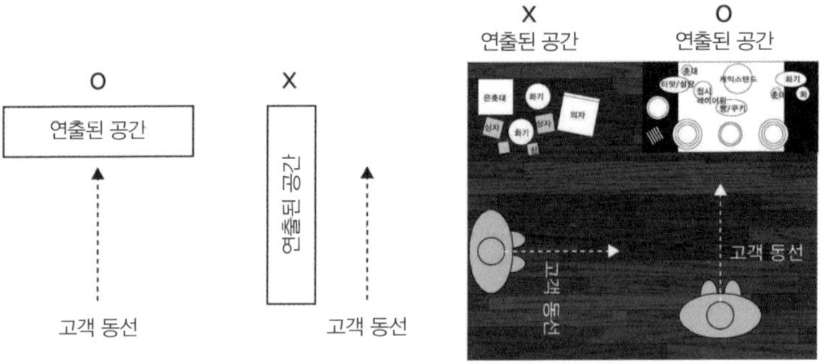

둘째, 고객의 눈에 띄려면 눈에 띄는 높이를 의식하고 연출을 해야 한다. 통상적으로 약 120~150cm 전후의 높이를 말한다. 이것은 사람이 자연스럽게 시선을 주는 가장 눈에 띄는 높이다. 눈에 띄는 포인트로 시선을 잡는 경우, 150cm 전후부터 천장까지의 높

눈에 잘 보인다 = 눈에 잘 띈다

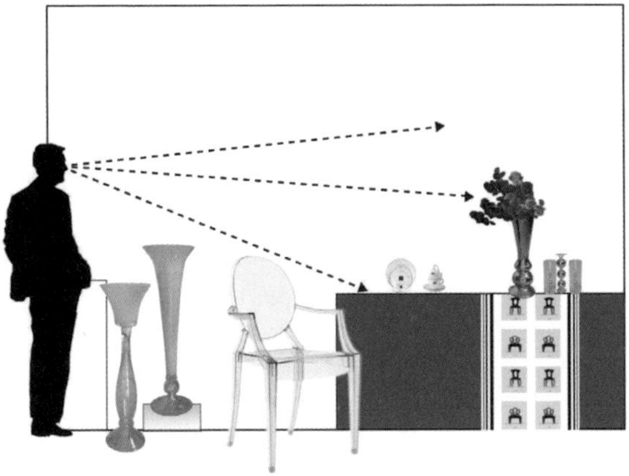

이를 활용한다.

셋째, 표현은 입체적으로 해야 한다. 시선보다 아래에 있는 진열이나 평평한 연출은 고객의 구매 욕구를 떨어지게 하고 임팩트도 적어지게 한다. 그러나 단조롭고 정리된 진열장에 볼록형의 입체적인 높낮이로 변화를 주면 다른 진열보다 눈에 띄고 시선 집중 포인트가 있는 구성이 만들어진다.

입체적인 표현

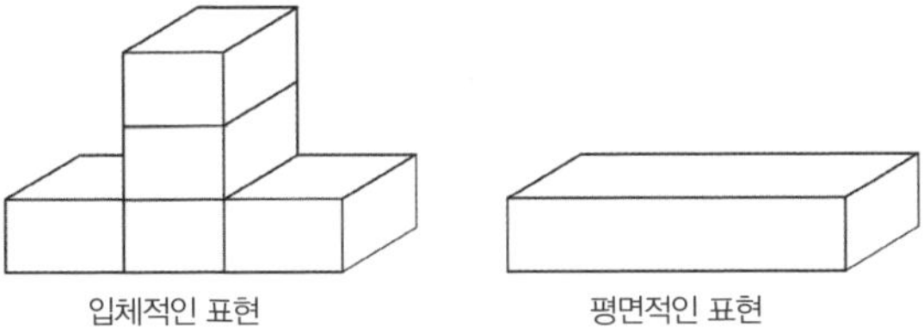

변화와 리듬감이 있는 연출 만들기

연출이 돋보이는 포인트를 만들기 위해서는 변화와 리듬감을 주어야 한다. 먼저, 보여주고자 하는 곳에 연출을 위해 밸런스(balance, 균형)를 잡는다. 이때 밸런스를 위해 구성(composition)이 필요하다. 예를 들어, 잘 정돈된 공간 연출의 표현을 위해서는 안정감 있는 밸런스 구성이 필요하지만, 리듬감이나 변화가 있는 연출을 하고 싶다면 이와 반대로 구성, 나열·진열, 조합의 요소를 고려해야 한다.

첫째, 구성에서 삼각형 구도는 중앙을 높게 양옆을 낮게 하는 것이다. 역삼각형은 불안정하지만 역동성이 있다. 그러나 홈스테이징은 어디까지나 해당 매물이 잘 팔리기 위해 연출로 돕는 역할을 한다. 그래서 너무 과한 장식이나 너무 강한 리듬감은 역효과를 줄 수 있으므로 자제해야 한다.

둘째, 나열과 진열을 한다. 나열과 비슷한 의미의 열거는 여러 가지를 쭉 줄지어놓는 것이다. 그러나 나열(arrange)은 하나의 규칙을 두고 질서있게 정돈하는 것이다. 즉, 규칙성과 기준이 있는 것이다. 그리고 진열(display)은 고객이 해당 부동산 매물을 상품으로 보고 매력적으로 보이도록 연출하는 것이다. 불규칙하게 나열하면 움직임이 있고 변화가 있어 좋으나, 산만함으로 인해 고객이 해당 매물의 좋은 점을 면밀히 살피지 못하게 된다.

셋째, 조합(combination)은 컬러, 디자인, 소재, 형태 등이 동일한 톤으로 어우러지면 차분하고 안정감을 준다. 그러나 다른 소재, 다

변화와 움직임이 있는 연출법

구분	그림	내용
구성 (예: 리듬 구성)		반복에 의해 리드미컬한 구성이 시선을 모은다
나열·진열 (수평 구성의 나열)	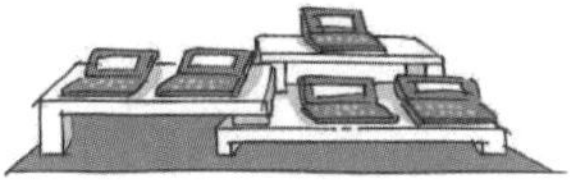	옆으로 넓게 퍼지는 수평 라인을 의도한 구성으로 동일한 소품을 나열한 것
조합	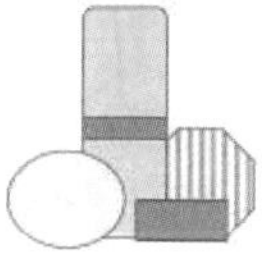	동일한 톤으로 조합

출처: 《売り場づくりの法則84》, 2009

른 형태 등이 너무 많이 혼합되어 있으면 산만함을 준다.

위에서 언급한 이러한 몇 가지는 변화와 리듬감을 줄 수 있으나 공통적으로 하나의 기준을 가지고 해야 한다. 예컨대 색을 하나의 공통된 기준으로 해 나열·진열을 다르게 하든지 구성을 안정적인 삼각형 구조로 하면서 나열·진열에서 변화와 리듬감을 주든지 해야 한다. 그렇지 않으면 산만하고 혼란만 줄 수 있다.

내놓는 매물을 고객이 짧은 순간 둘러보고 갈 때 얼마나 적재적소에 매력적으로 잘 연출이 돋보이게 만들어져 있는지에 따라 가격이 결정되는 것이다.

헌 집을 새 상품으로 만드는 킬링 포인트

보기 좋게 하라

우리 속담에 "보기 좋은 떡이 먹기도 좋다"라는 말이 있다. 이를 디자인의 관점에서 해석해보면, 시각적으로 만족하게 되면 그와 관련된 기능적·심미적인 내용도 긍정적으로 평가될 수 있다는 뜻이다. 보여지는 것이 매우 중요한 역할을 한다는 것을 알 수 있다.

헌 집을 새 상품으로 만드는 킬링 포인트는 바로 '보기 좋게 하는 것'이다. 이것을 실현시키기 위해서는 공간을 매력적으로 만드는 연출법과 스타일을 알아야 한다. 연출법은 실내디자인이나 제품디자인 등 디자인 분야에서 기본적으로 다루는 디자인의 원리에 있다.

즉 홈스테이징에서 누구나 생각할 수 있게끔 보기 좋게 만드는 것은 디자인의 요소와 원리를 잘 활용하는 것이다. 디자인의 원리에서 다루는 규모, 비례, 균형, 리듬, 강조, 조화, 대비, 통일 등이 종합적으로 잘 적용되면 이는 보기 좋은 것이 된다.

내놓는 매물이 고객에게 보기 좋은 떡이 되기 위해 디자인의 다양한 원리를 이해하는 것이 시각 표현에 초석이 될 수 있다는 것을 명심해야 한다. 아래에서는 헌 집을 새 상품으로 만드는 공간연출법 중 쉽게 다룰 수 있는 디자인 원리의 리듬과 균형, 이를 활용한 3·3·3의 법칙에 대해 설명한다. 또한 잘 팔리도록 돕는 인테리어 스타일에 대해 다룬다.

헌 집을 새 상품으로 만드는 공간연출법

디자인, 리듬을 타라

공간 스타일링에서 가장 기본이 되는 것이 디자인의 원리다. 디자인의 원리에는 반복, 점진, 교차 등이 있다. 이 세 가지를 통해 리듬의 효과가 나타난다.

'반복'은 되풀이를 의미한다. 위의 표와 같이 동일한 형태나 색을 사용해 두 개 이상 배열해 나감으로써 통일된 질서와 연속감, 리듬감을 주는 것이다. 반복의 원리는 일정한 거리 간격에 의해 이루어진다. 다음 페이지 표에 제시된 이미지와 같이 창가에 동일한 색상의 꽃병을 일정한 간격으로 거리를 띄워 반복 배치하게 되면 리듬감이 생긴다. 반복은 통일성과 질서를 가지기 가장 쉬우나 단순한 단위로 반복하면 오히려 단조로워 보이기 쉽다.

반복, 점진, 교차의 개념과 이미지

	반복	점진	교차
개념	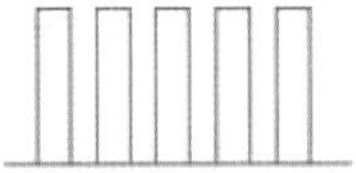	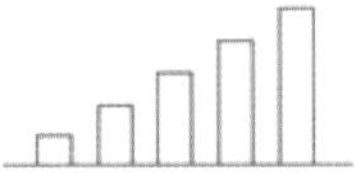	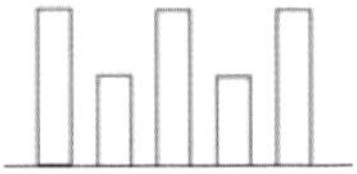
이미지			

출처: 《The Art of Display》, 2002

'점진'은 점층 또는 그러데이션이라고 하며, 색이나 형태 등이 차례로 변화하는 것이다. 위의 그림과 같이 점진은 반복보다 약간 동적이며 한쪽 방향으로 진행하면서 오는 리듬감이 강하다. 점진은 공간연출뿐만 아니라 아름다운 정리수납에서도 많이 활용된다. 예를 들어 다섯 개의 바구니를 아래에서부터 위로 큰 것에서 작은 것 순으로 점점 쌓아올라가는 것의 변화, 옷장의 정리에서 밝은 색의 옷에서 어두운 색의 옷으로 정리해 색의 이동을 보여주는 것 등에서 찾아볼 수 있다.

'교차'는 반복과 점진을 혼합한 것으로 요소와 요소 사이의 간격을 일정하게 유지시키고 요소를 강조하거나 약화시키는 경우도 있다. 위의 표에서 제시된 바와 같이 창틀이나 선반 위에 진열된 장식소품의 크기와 컬러를 일정한 간격으로 유지하면서 교차시킬 때 나타난다.

대칭, 비대칭, 방사형 균형의 개념과 이미지

	대칭 균형	비대칭 균형	방사형 균형
개념	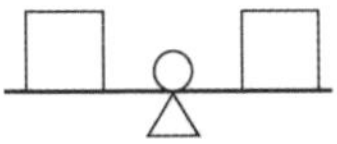	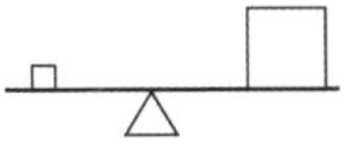	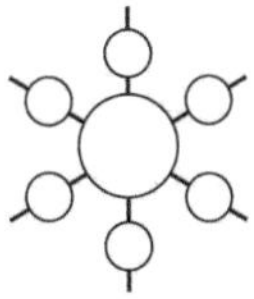
이미지			

출처: biblofox.blogspot.com/2013/05/atbalsti-savas-gramatas.html(좌),
stylowi.pl/633040(중), www.made-in-china.com(우)

시각적 균형을 잡아라

시각적 균형은 어느 한쪽으로 치우침이 없는 것을 말한다. 이러한 균형에는 대칭 균형, 비대칭 균형, 방사형 균형이 있다.

'대칭 균형'은 수직축을 중심으로 좌우 동일하게 배치되는 것을 의미한다. 대칭 균형은 공간에서 연출적 요소로 많이 활용한다. 예를 들어 차분한 이미지를 주어야 하는 서재공간의 연출에서 책상 위 책은 대칭 균형을 사용한다면 더욱 안정감을 줄 수 있다.

'비대칭 균형'은 수직축을 중심으로 좌우 동일하게 배치된 상태가 아니지만 시각적으로 무게가 균등하게 느껴지는 것을 의미한다. 비대칭 균형은 대칭 균형보다 자연스럽고 생동감을 준다. 예를 들어, 해당 매물의 주방에 위의 사진처럼 벽걸이 선반과 책을 이용해 비대칭 균형으로 연출을 한다. 주방은 동적인 공간에서 더욱 활동적인 느낌을 줄 수 있다.

'방사형 균형'은 중앙을 중심으로 퍼져나가는 것을 의미한다. 이러한 방사형 균형은 대개 넓은 식당에 원탁테이블을 놓고 그 주변으로 의자를 에워싸는 형태로 연출한다. 이러한 방사형 균형은 사각형의 식탁 테이블보다 더 호기심을 유발하고 신선한 느낌을 준다. 디너파티의 느낌을 연출하거나 이벤트 파티의 느낌으로서 럭셔리한 콘셉트의 공간에 활용한다.

3·3·3 법칙으로 움직임을 줘라

장식품이나 소품의 세팅에 있어 '한 세트에 3개' 또는 '한 번에 홀수(3~5개)'로 놓는 게 가장 보기 좋다. 짝수보다 홀수로 세팅하면 움직임이 있다. 또한 마찬가지로 같은 높이의 소품을 나란히 세워 놓는 것보다 '고 → 중 → 저(3단계)의 법칙'을 활용해 높이의 변화를 주면 움직임이 있다.

3 · 3 · 3 법칙의 개념과 이미지

	한 세트에 3개	한 번에 홀수	고중저 3단계
개념		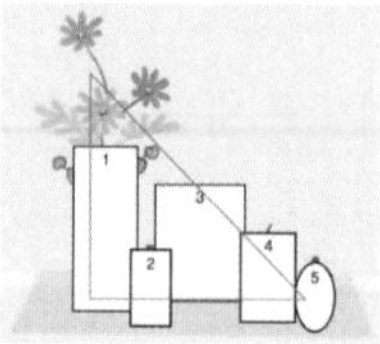	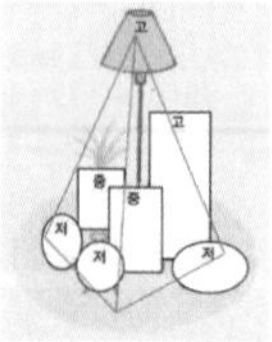

헌 집을 새 상품으로 만드는 스타일

스타일은 시간과 함께 변한다. 다음 그림처럼 인테리어 스타일의 큰 특징은 서양의 역사 속에서 장식(decoration)과 비장식(un-decoration)으로 반복되어 나타났다. 다음 그림을 보면서 앞으로 올 트렌드를 예측하는 것에도 도움된다.

2000년대 초·중반 어느 집에나 한번쯤 있어봄직한 화려한 꽃무늬 벽지와 자작나무 벽지의 시대가 가고 2010년 전후로 주택, 카페 등에서 회색의 민무늬 벽지와 블랙의자 등으로 꾸미고 최소한의 장식을 추구하는 미니멀리즘이 등장했다. 2020년 전후로 회색에서 완전한 순백색으로 바뀌어 너도나도 화이트 대리석, 화이트 벽지 등으로 바꾸었다. 그러나 최근 드라마 등의 영향으로 인테리어에서 전반적인 화이트 컬러에 화려한 골드가 접목되는 것이 유행했

인테리어 스타일의 장식과 비장식 흐름

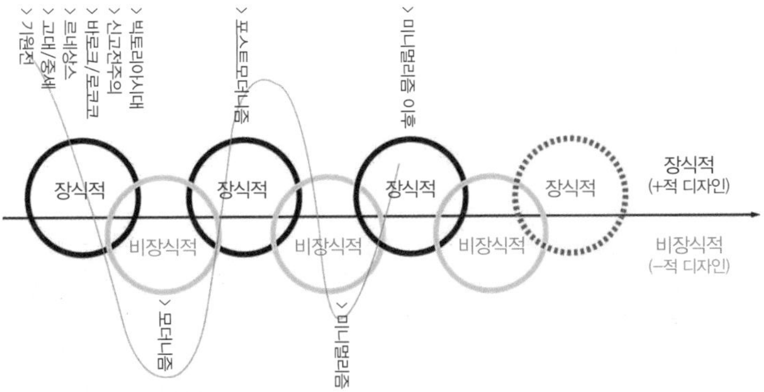

자료 참고: 이수정, 〈실내공간에 나타나는 '신장식 경향(新裝飾 傾向)'에 관한 연구〉

다. 점점 화려한 골드 식탁, 골드 의자, 골드 거울 등의 가구와 소품들이 등장했다. 이처럼 잠시 회상해보면, 최근 몇 년간 스타일이 장식에서 비장식을 거쳐 다시 장식으로 변화해가는 것을 알 수 있다.

그러나 이러한 많은 스타일 중 오랫동안 한국인에게 사랑받고 있는 스타일은 대표적으로 모던, 미니멀, 내추럴, 클래식 스타일이다. 이러한 스타일은 시간이 지나면서 색상에서 톤의 변화와 인테리어 재료에서 많은 변화가 있었다. 또한 모던과 클래식이 섞여 모던 클래식, 모던과 내추럴이 섞여 모던 내추럴 스타일 등 서로 다른 스타일이 섞여 융합되어 나타나는 경향을 보였다.

모던 스타일, 실용성이 최고의 미

모던 스타일은 필요 없는 장식을 과감히 배제해 매우 간결하면

모던 스타일

출처: catalk.kr

서 실용성을 강조한 것이 특징이다. 주로 세련됨을 극대화하기 위해 모노톤의 색을 주로 사용하며 최근에는 화이트를 주로 사용한다. 대리석이나 금속을 주요 재료로 사용한다.

미니멀 스타일, 절제가 최고의 미

미니멀 스타일은 장식을 절제하고 공간의 효율성을 극대화하는 디자인이다. 최근 1인가구가 증가하고 킨포크 라이프(kinfolk life)와 같이 비우는 것에 대한 생활방식이 등장하면서 더욱 인기를 끌고 있다. 최소 공간으로 최대 효과를 내기 위해 공간의 레이아웃과 가구를 활용하고 최대한 장식을 배제하는 것이 특징이다.

미니멀 스타일

출처: decoraid.com

내추럴 스타일, 자연의 미

내추럴 스타일은 인위적으로 만든 것보다 자연의 느낌을 더 추구한다. 2000년대 초 내추럴 스타일은 자연을 닮은 벽지와 장판 등이 유행했다. 말 그대로 자연은 아니지만 자연을 모티브로 해서 자연인 척 실내에 장식을 한 것이다. 그러나 점점 자연에 대한 사람들의 갈망과 수요는 진짜 자연을 실내로 들여놓는 플랜테리어(planterior)와 같은 스타일로 바뀌었다. 이제는 플랜테리어에서 마치 집을 정글처럼 많은 식물로 장식을 하는 홈 정글(home jungle)과 같은 단어가 낯설지가 않다.

최근 인테리어는 우드패널과 같이 자연의 나무소재를 주로 사용하고 있다. 우드패널의 바닥과 걸레받이 몰딩, 천장 몰딩은 적벽돌색에서 화이트색으로 바뀌었고 여기에 실내장식은 짙은 녹색의 실제 식물과 화분으로 연출되고 있다.

내추럴 스타일

출처: smalldesignideas.com

클래식 스타일, 영원한 럭셔리

최근 미니멀리즘과 함께 유행한 것이 클래식 스타일이다. 클래식(classic)의 사전적 정의는 '일류의, 최고 수준의, 전형적인, 고전적인' 등이다. 이것은 고대 그리스나 로마시대의 스타일이나 예술과 비슷하다. 고대 그리스와 로마의 정신을 이어받은 바로크, 로코코 스타일과 18~19세기 초에 걸친 신고전주의의 양식까지 포함한다.

한국에서 몇 년 전부터 클래식이 유행했다. 이 클래식은 순백색의 실내공간과 맞물려 포인트 장식으로서 주방의 수전, 욕실의 샤워기, 가구 손잡이 등 장식의 포인트로 사용되었다. 특히 최근에 드라마의 영향으로 럭셔리함을 담고 있는 클래식은 더욱 인기를 끌고 있으며, 부의 상징인 부동산 매물 연출에 있어서도 당분간 지속될 것으로 예측된다.

그중 골드의 컬러가 몇 년 사이 시간이 지나오면서 바뀌어왔다. 처음 한국에서 클래식이 유행할 때 골드는 연한 로즈핑크 골드가 유행했다. 로즈핑크 골드는 현관의 중문 프레임, 주방 및 거실의 조명에 사용되었다. 그러나 점점 골드가 진해지면서 로즈핑크 골드를 거쳐 샴페인 골드에서 현재 더욱 진해진 100% 오리저널 골드까지 유행하고 있다.

클래식 스타일

출처: fansshare.com(좌), interiorsonline.com.au(중/우)

5장

공간 플래닝 노하우

홈스테이징의 기초 테크닉

컬러: 기본 중의 기본, 색상과 색조를 잡아라

홈스테이징에서는 다음과 같은 사항에 따라 어떤 매물로 만들지를 플래닝한다. 모든 사항이 전부 작고 소소하지만, 이런 것들이 하나씩 쌓여 큰 차이를 만든다. 구입을 생각하고 있는 고객이 호감을 가질지의 여부는 제대로 잘 생각하고 진행하느냐에 달려있다.

색의 유행은 시간에 따라 변한다. 예전에는 빨간색 등 화려한 유채색을 주로 사용했다. 그러나 지금의 인테리어는 "색이 없다"라고 할 정도 무채색을 많이 사용하고 있다.

색은 유채색과 무채색으로 나뉜다. 그리고 유채색은 색상과 색조로 이루어져 있다. 색상은 영어로 휴(hue)라고 하며 빨강, 주황, 노랑, 초록 등 색 자체가 갖는 고유한 특성을 말한다. 그리고 색조는 영어로 톤(tone)이라고 하며, 색상에 흰색과 검정색을 섞어나가

홈스테이징 트렌드 컬러(2020)

출처: www.wunderdesignco.com

면서 그 색이 가지는 밝고 어두운 감정을 뜻한다.

즉 같은 색상이라도 색의 밝고 어두운 정도의 명도(value, lightness)와 색의 선명한 정도의 채도(chroma, saturation)가 변하면 뉘앙스도 달라진다. '휴앤톤'이라 불리는 색상과 색조의 조화가 아름답게 완성될 때 고객에게 더 매력적으로 보일 수 있다.

홈스테이징은 공간에서 큰 변화를 주기 위해 이러한 색상과 색조를 활용해 컬러 코디네이션한다. 컬러 코디네이션은 색상 배색, 무채색 배색, 톤 배색이 있다. 여기서는 세 가지에 대해 다룬다.

색상 배색, 색 사용의 기본이다

색상 배색은 색상환(色相環)의 위치 관계를 기본으로 한 배색이다. 공간이 조화롭지 못하고 산만한 경우 대부분 기본적인 색상의 배색이 잘못된 것이 많다. 색상에는 1차색(primary colors), 2차색(secondary colors), 3차색(tertiary colors)이 있다.

1차색은 원색이라고도 하며 물리적인 세 가지 기본색 노랑, 파랑, 빨강이 있다. 이 세 가지 색은 색상환에서 같은 거리상의 세 지점에 위치하며 이 색들이 무수한 색상을 만들어낸다. 이러한 색을 보석과 같이 원물로서 여겨 원색이라고 한다.

2000년 이전 맥도날드, 롯데리아 같은 패스트푸드점 등에서 강

1차색과 그에 따른 활용 인테리어

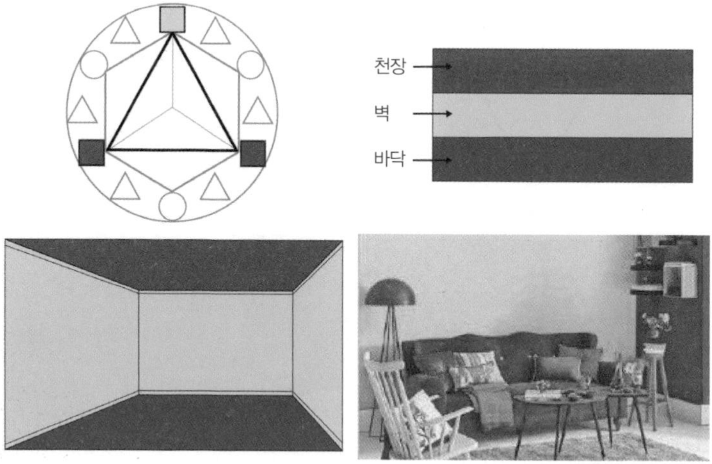

출처: www.daviespaints.com

렬한 인상을 주기 위해 실내디자인이나 간판디자인에 1차색을 많이 사용했다.

그러나 컬러도 시대에 따라 계속 변하고 있어 최근에는 1차색을 많이 사용하지 않는다. 실내 공간에 1차색만 사용하면 색이 가지는 에너지가 있어 굉장히 강렬한 인상을 주지만, 한편으로는 너무 강해 홈스테이징에서는 사용을 자제한다.

2차색은 1차색에서 두 가지 색상을 50%씩 조합해 만들어낸 원색끼리의 중간색 주황색, 초록색, 보라색이다. 2차색으로 배색한 실내공간은 1차색보다 50%씩 혼합된 중간색이어서 강렬한 인상보다 캐주얼한 감성을 준다.

2차색과 그에 따른 활용 인테리어

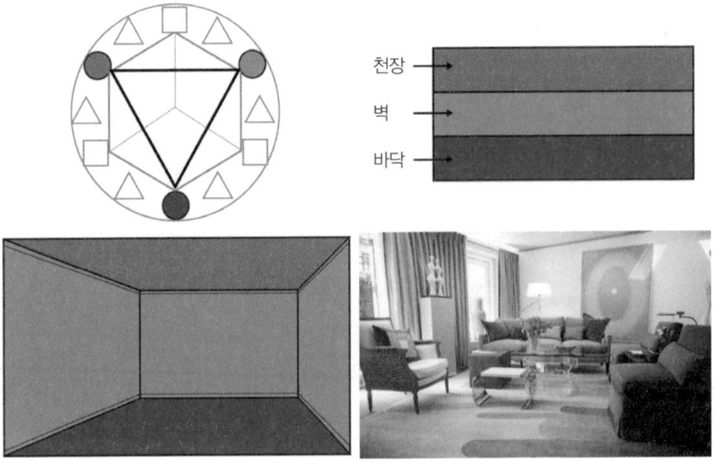

출처: www.homedit.com

3차색은 2차색에서 2개씩 50%로 색을 혼합한 색이다. 3차색은 노란 주황색, 빨간 주황색, 빨간 보라색, 남보라색, 청록색, 연두색이 있다. 아래 사진은 3차색을 추출해 실내공간의 천장, 벽, 바닥에 색채계획을 한 것이다.

최근 인테리어나 패션, 제품 등에서 많이 사용하는 것이 3차색이다. 그래서 3차색을 3세대 색상이라고도 한다. 우측 하단에 있는 사진은 3차색으로 배색되었는데 1차색, 2차색과 비교했을 때 좀 더 세련된 느낌을 준다. 홈스테이징에서는 짧은 순간 해당 매물을 둘러보는 고객에게 빠르게 매력을 어필하기 위해 세련된 색상의 3차색을 사용한다.

3차색과 그에 따른 활용 인테리어

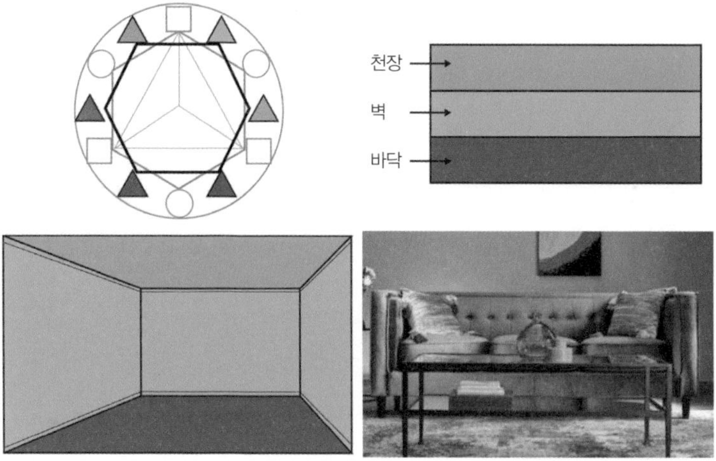

출처: interioreast.com

12 색상환

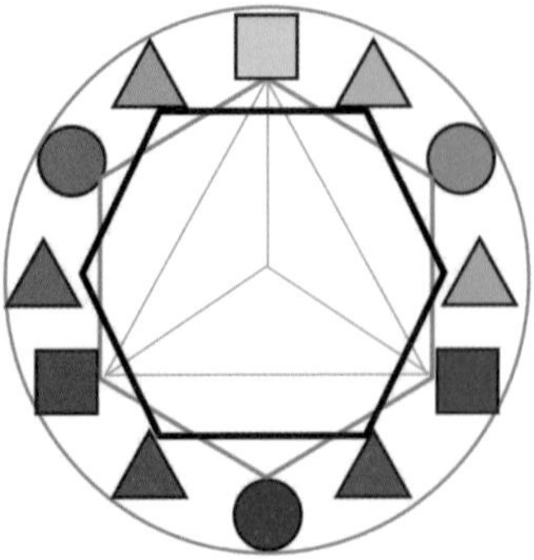

이러한 1, 2, 3차색을 모두 모으면 열두 색상이 되며, 이 12 색상환을 기본으로 배색을 한다.

무채색 배색, 공간의 밝고 어두움을 표현한다

무채색 배색은 무채색의 명도 관계를 기본으로 한 배색이다. 무채색은 여러 가지 고운 빛깔을 나타내는 채색이 없다는 뜻으로, 공간에서 조명과 같이 밝고 어두운 정도를 표현할 때 사용한다. 몇 년 전 북유럽 스타일의 인테리어가 유행하면서 대부분의 벽지가 연회색과 진회색을 이루었다. 이때 공간의 분위기는 약간 무겁고 차가운 느낌이 들었다.

그러나 최근 미니멀 스타일의 인테리어가 유행하면서 무채색에서도 중간의 회색 기미가 거의 없는 흰색이 주로 나타나고 있다. 실내 공간은 전체적으로 흰색으로 분위기를 잡고 그다음 포인트

무채색과 그에 따른 활용 인테리어

출처: pinterest.co.kr(좌), latelierkauldhar.com(우)

로 검정색의 조명이나 소품, 패턴 타일을 사용해 깨끗하고 가벼운 분위기를 이룬다.

톤 배색, 화려하거나 차분한 감정을 표현한다

톤 배색은 톤의 위치 관계를 기본으로 한 배색이다. 톤은 색조, 분위기를 말하며, 색이 가지는 감정을 톤으로 표현한다. 다음 표와 같이 그 톤은 맑고 가벼운 감정의 밝은 톤(light tone), 우울하고 무거운 감정의 어두운 톤(deep, dark tone), 역동적이고 강한 화려한 톤(vivid, strong tone)으로 구분한다.

페일톤(P)은 단색(V)의 색상에 흰색을 더해 가장 명도가 높은 톤 배색이다. 부드러운 색조의 페일톤은 청결감이 있고 부드러운 이미지를 줄 때 사용한다. 홈스테이징에서는 욕실이나 주방에 활용

톤에 따른 감정 표현

톤표

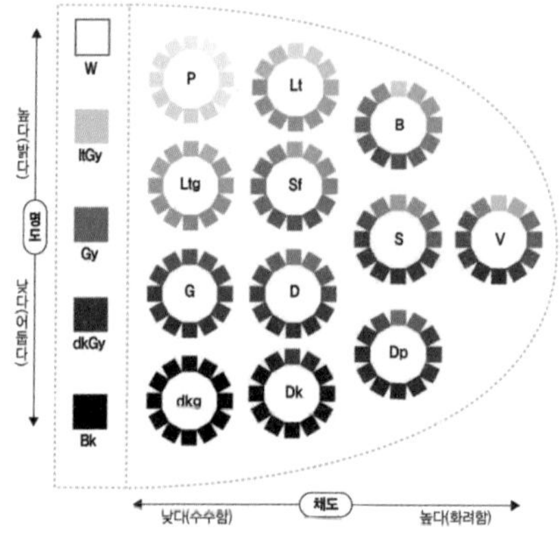

표기 및 명칭	감정
V(vivid, 비비드)	강한, 화려한
B(bright, 브라이트)	밝은
Lt(light, 라이트)	맑은
P(pale, 페일)	연한, 연약한
Dp(deep, 딥)	어두운
Dk(dark, 다크)	무거운
Dkg(dark grayish, 다크 그레이)	딱딱한, 침울한
S(strong, 스트롱)	밝은, 강한
St(soft, 소프트)	부드러운
Ltg(light grayish, 라이트 그레이)	차분한
D(dull, 덜)	어두운, 차가운
G(grayish, 그레이)	어두운, 약한

도가 높고 최근 거실공간에서도 많이 활용하고 있다.

라이트톤(Lt)은 단색 색상에 흰색을 더해 페일톤보다 맑은 톤이다. 라이트톤은 상쾌하고 즐거움을 주는 밝은 이미지다. 홈스테이징에서는 거실공간에 많이 활용한다. 스트롱톤(S)은 단색 색상에 흰색과 검정색을 더해 약간 채도가 내려간 상태의 톤 배색이다. 스트롱톤은 강한 톤으로 움직임이 있고 열정적인 이미지를 준다. 홈스테이징에서는 개성적인 공간을 표현할 때 주로 활용한다.

덜톤(D)은 단색 색상에 흰색과 검정색을 더해서 채도가 내려간

톤 배색에 따른 인테리어

시계방향 순으로 페일톤, 라이트톤, 스트롱톤, 덜톤, 다크톤 출처: blind-mart.com

혼탁한 톤 배색이다. 덜톤은 그레이를 띠는 칙칙한 색상으로 자연스럽고 부드러운 이미지를 줄 때 사용한다. 홈스테이징에서는 침실이나 서재 등의 공간에 활용도가 높다.

다크톤(Dk)은 단색 색상에 검정을 더해 어두운 색상의 배색이다. 다크톤은 전체적으로 어둡고 깊은 색조여서 차분한 이미지를 준다. 홈스테이징에서는 다크톤을 계절감을 주기 위해 겨울이나 가을의 장식에 활용되거나 페일한 공간에 자칫 밋밋하거나 떠보이는 느낌을 가라앉히기 위해 다크톤을 일부 장식으로 사용한다.

최근 페일과 라이트의 밝은 톤을 많이 사용하고 있으나 밝은 톤을 너무 많이 사용하면 공간이 연약한 느낌이 들 수 있다. 그래서 홈스테이징에서 해당 매물을 스타일링할 때 무채색이나 중간 톤을 혼합해서 배색을 한다.

주조색, 보조색, 강조색의 면적비로 공간의 리듬을 만든다

어떤 색을 고르고 어떤 감정을 줄 것인지 선정하는 단계가 끝나면 그다음으로 색상과 색조를 가지고 조화롭게 만드는 것이 중요하다. 최근 유행하는 색이라도 색상의 적절한 면적 배분과 색의 위치를 고려하지 않으면 조화롭지 못하다. 부동산 매물에서 처음 방문하는 고객에게 첫눈에 매력적으로 보이게 하려면 전략이 필요하고 그것이 배색이다. 즉, 코디네이션이다.

실내 공간은 천장, 벽, 바닥, 소파, 커튼 등이 우리 눈에 한 번에 보이는 입체적 공간이지만 색상을 선정하고 배색할 때는 아래와 같이 평면적으로 보고 면적 분할을 한다.

평면 분할

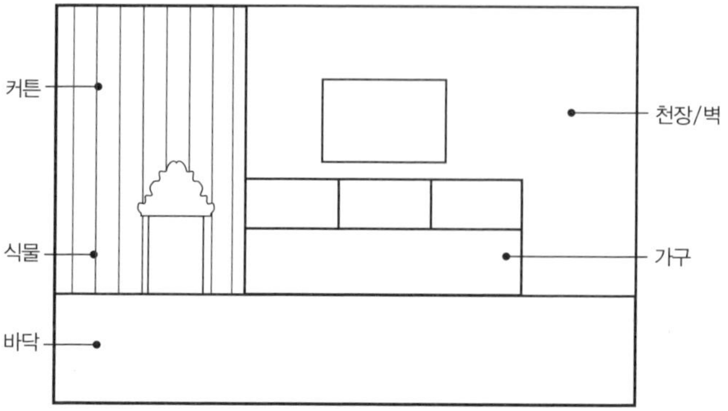

그다음은 주조색, 보조색, 강조색의 색상 면적비로 공간의 리듬을 만든다. 주조색은 공간 전체에 영향을 미치는 컬러로서 70% 정도 차지하는 색이다. 공간에서 제일 넓은 면적을 차지하므로 메인 컬러(main color)라 한다. 보조색은 전체의 25% 정도를 차지하는 색이다. 드라마에서 조연과 같다. 그래서 주조색을 받쳐주는 서브 컬러(sub color)라 한다. 강조색은 공간에서 5% 정도를 차지하며 공간에 강렬한 인상을 준다. 돋보이게 하는 역할을 해 악센트 컬러(accent color)라 한다. 아래 그림을 보면 주조색은 천장과 벽, 보조색은 바닥과 커튼이 되고, 강조색은 식물이 된다.

색상 면적비

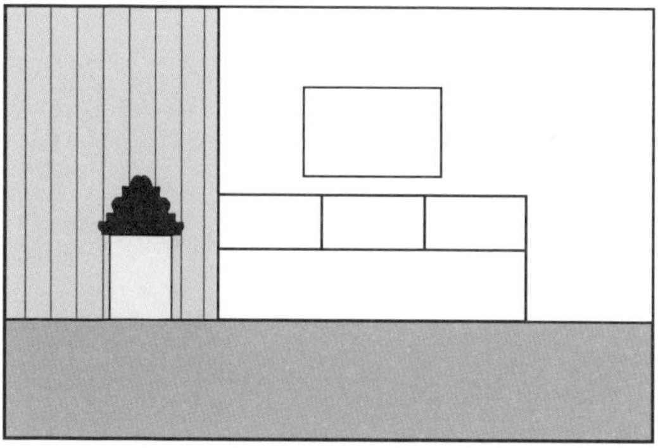

색상 면적비를 평면 분할 계획에 맞게 정했으면, 이를 활용해 주조색, 보조색, 강조색의 색채 계획을 세운다. 강조색은 공간의 전체 분위기에 따라 한두 개 정도 면적이 크지 않은 곳에 사용한

부동산 매물 공간의 색채 계획

홈스테이징 공간의 색채 계획

종류		면적 (평균)	최대 사용 기간	교체 비용	적당한 색
주조색	바닥, 벽, 천장재	70%	길다	비싸다	쉽게 질리지 않는 색
보조색	소파, 커튼, 장식장	25%	보통	보통	너무 어둡거나 선명하지 않은 색
강조색	쿠션, 식물, 소품	5%	짧다	비교적 싸다	쉽게 바꿀 수 있는 색, 과감한 색, 무늬

다. 위 그림에서는 밋밋해질 수 있는 공간에 개성을 더 드러내기 위해 벽면의 액자에 핑크색을 강조색으로 추가했다.

주조색, 보조색, 강조색은 최대 사용 시간과 그에 따른 교체 비용이 차이가 난다. 그래서 홈스테이징에서는 적은 예산과 짧은 시간에 공간의 분위기를 바꿀 수 있는 강조색에 대한 심층적인 계획

색채 배색띠

이 있어야 한다.

주조색, 보조색, 강조색을 활용해 공간의 무드보드를 만들 때 색채 배색띠를 사용한다. 이것은 매물 공간 이미지에 활용되며, 고객이나 부동산 중개인에게 설명할 때 활용될 수 있다.

색채 배색띠를 만들 때 좌측에 제일 면적을 크게 차지하는 주조색을 두고 중간에 보조색, 우측에는 면적이 가장 작은 강조색을 배치한다. 이렇게 하면 해당 매물에 대한 컬러 코디네이션이 완성된다.

컬러 트렌드는 끊임없이 변화한다. 이러한 사실을 인식하고 디자인 전시회에 참석하거나 페인트 회사(국내브랜드의 노루페인트, 삼화페인트, 제비스코, 해외브랜드의 벤자민무어, 던에드워드 등)를 방문해 올해의 트렌드 컬러를 확인해본다. 또한 패션과 인테리어의 트렌드 주기가 점점 짧아지고 있어 섬유제조업체의 컬러 트렌드도 검색하고 대규모 부동산 박람회를 방문해 변화도 살펴봐야 한다.

그러나 홈스테이징을 위해 유행 컬러를 선택하거나 디자인하는데 지나치게 시간을 허비하지 않는 것이 중요하다. 컬러는 입지 분석 및 현장에서 발견한 타깃팅을 통해 잘 팔리도록 돕는 보조적 수

제비스코 올해의 색

출처: www.jevisco.com

단이다. 전체 공간의 무드 및 스타일의 일부분일 뿐이다. 컬러는 기본적인 것을 선택하면서 장식 소품이나 가구의 구성 및 레이아웃을 통해 더 창의적인 공간을 만들 수 있다.

조명의 종류

조명: 감성 무드를 전달하다

조명은 홈스테이징에서 중요하며 저렴한 비용으로 효과를 발휘할 수 있다. 또한 그 위치에 어떤 조명을 선택하는지에 따라 공간의 분위기도 달라진다. 최근의 조명은 단순히 공간을 밝히기 위한 기능적인 용도에서 오브제의 장식적 용도로 활용하는 경우가 많다. 그러나 홈스테이징에서 조명은 곧 판매할 부동산 매물에 꾸미는 것이기 때문에 비교적 합리적인 가격의 물건을 찾는 것이 중요하다.

홈스테이징에서 공간의 무드를 전달하기 위해 조명은 위의 표와 같이 샹들리에 스타일, 테이블 램프 스타일, 플로어 램프 스타일을 활용한다. 그중 샹들리에는 해당 매물의 분위기와 공간의 크기에 영향을 많이 끼치므로 사전에 전체적인 스타일을 먼저 고려해야 한다.

거실에 거울이 배치된 모습

출처: idealhome.co.uk

자연채광, 창문 반대편에 거울을 배치한다

외부로부터 들어오는 자연채광은 집의 구조와 크기에 따라 다르게 나타난다. 어떤 매물은 집의 구조가 북향이라 전망이 좋지만 온종일 실내로 빛이 많이 안 들어오는 경우가 있다. 이런 집은 낮에도 조명으로 실내를 밝혀야 한다. 고객은 유지관리비를 고려해 해당 매물에 안 좋은 이미지를 줄 수 있다.

이런 경우 자연광이 들어오는 창문의 반대편에 거울을 배치한다. 거울은 빛을 증폭시키는 역할을 한다. 창문 반대편에 큰 거울을 배치해 방을 비추고 빛을 반사시킨다. 특히 북쪽에 거실이 있는 경우 빛은 남향보다 산란되어 은은하게 들어와 반대편에 비친 거울의 반사광은 눈부심이 덜하다. 이것은 어두운 북향의 거실이나 입구 복도, 현관에 활용하면 고객에게 첫인상을 좋게 할 수 있다.

월 워싱 조명

출처: 노바리빙 LED

인공조명, 공간을 더 넓고 커 보이게 만든다

조명을 변경하는 것은 벽의 색상을 변경하는 것처럼 어떻게 설치하는지에 따라 공간이 달라져 보인다. 공간을 더 커보이게 하는 방법은 월 워싱(wall washing) 조명을 활용하는 것이다. 월 워싱은 벽을 타고 흐르는 조명을 의미한다. 이때 조명을 천장으로 향하게 해 벽을 타고 흐르게 한다. 이때 천장과 벽으로 빛을 산란시켜 위로 조명이 가게 하는 방법은 업라이팅(up-lighting)을 사용한다. 업라이팅을 사용하면 사람의 시선이 조명을 따라 위로 가기 때문에 공간이 더 길어 보이는 효과를 만든다. 또한 천장이 더 높아 보이게 하려면 펜던트 조명을 낮춰서 설치한다. 요즘에는 간단히 자석으로 부착할 수 있는 월 워싱 조명도 있어 다른 전기 설비 없이 저렴하게 이용할 수 있다.

접착식 롱거라이트

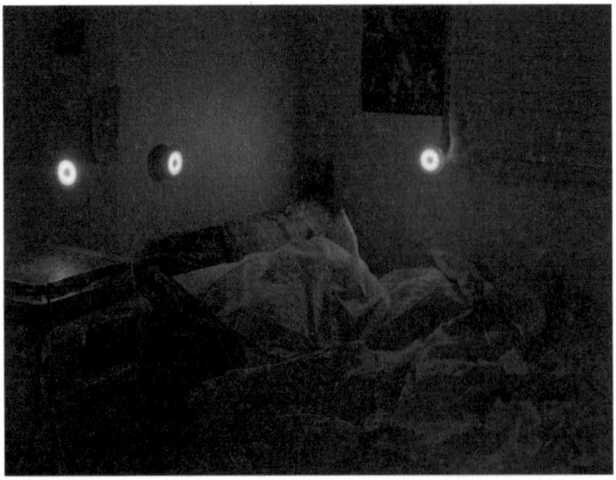

출처: wbskin.com

조명 그루핑, 공간을 더 조밀하게 만든다

공간이 넓어 뭔가 채워도 허전하다면 조명을 사용해보자. 여러 개의 테이블 램프를 활용해 단독 또는 그루핑 기법을 활용한다. 특히 크고 천장이 높은 방에 그루핑된 테이블 램프 조명은 많은 빛의 웅덩이를 만들어 공간에 깊이감을 준다.

또한 주방의 싱크대 상부장의 밑이나 침실 헤드주변에 조명설치가 힘들다면, 우리 주변에 쉽게 할 수 있는 방법으로 DIY 이동식 무드등을 활용해 빛으로 공간을 조밀하게 표현할 수 있다. 무로에서 출시한 롱거라이트(longer light)의 경우, 간단히 접착식으로 되어있어 설치가 간편하다. 인테리어의 전기설비공사와 달리 홈스테이징에서는 접착식 무드등을 활용해 그루핑을 함으로써 더 쉽게 공간의 깊이감을 줄 수 있다.

커튼: 기본에 충실하다

공간에서 입면의 벽면 다음으로 시선이 많이 가는 곳이 창문이다. 거실 창의 경우, 창문은 거실 4면 중 1면을 차지하고 25%나 된다. 요즘 대부분 방의 창이 넓어지고 있어 창문에 대한 연출 방식도 달라져야 한다. 특히 홈스테이징에서 창문은 기존 거주자의 개인적인 라이프스타일을 제거하고 구매 예정자를 위해 연출해야 하므로 더욱 신경을 써야 한다. 창문 처리 방식은 커튼, 로만쉐이드, 블라인드가 대표적으로 있으며, 여기서는 비교적 가격이 저렴하고 쉽게 설치할 수 있는 커튼에 대해 다룬다.

홈스테이징에서는 내놓는 매물의 단점을 최대한 커튼으로 보완할 수 있다. 먼저 작은 창의 경우 일반적인 형태(A)로 창의 치수와 딱 맞게 커튼을 설치한다. 그러나 고객이 매물을 보러왔을 때 천장이 낮아 보인다. 이런 경우, 매물의 천장이 더 높아 보이도록 길어 보이는 형태(B)로 설치한다. 이것은 천장 상부의 몰딩 가까이 커

창문의 연출 방법

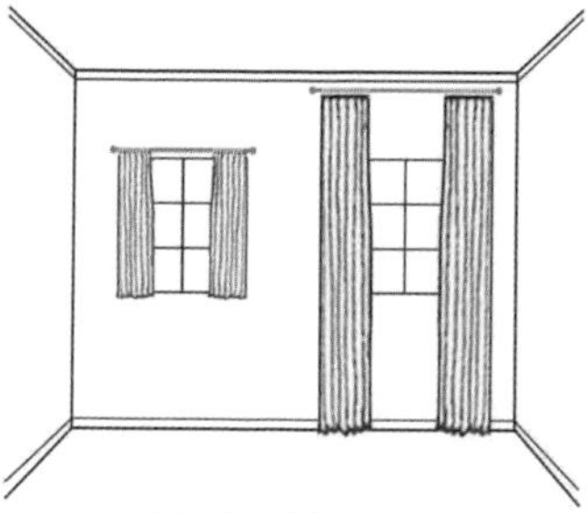

(A) 일반적 형태 (B) 길어 보이는 형태

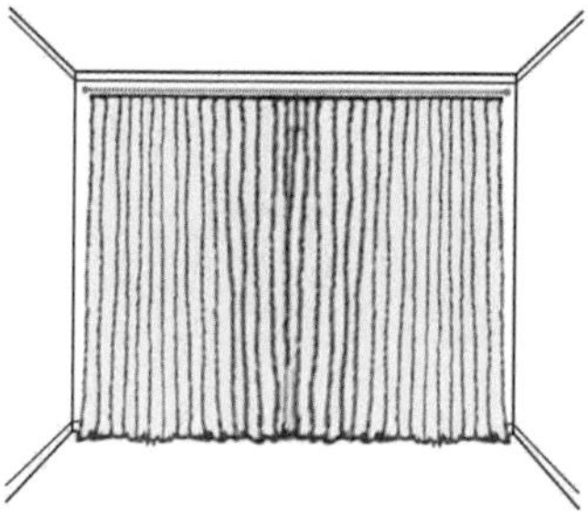

(C) 넓어 보이는 형태

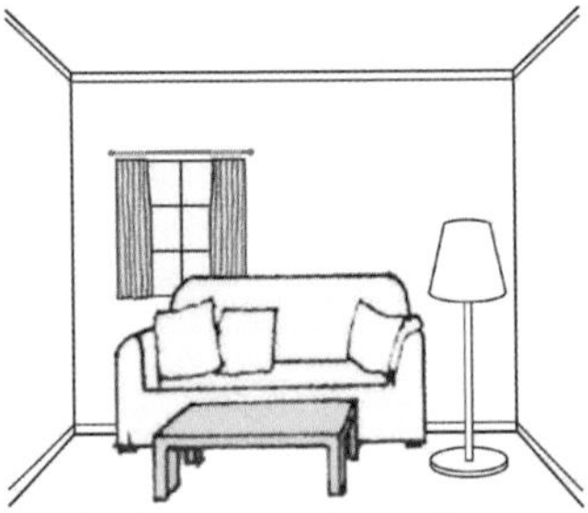

(D) 실내가구와 균형이 맞지 않는 창문 처리

(E) 실내가구와 균형이 맞는 창문 처리

튼 봉을 올려 설치하고 커튼을 바닥까지 내려오게 한다. 커튼의 패브릭이 바닥까지 일직선으로 떨어져 천장이 높아 보이도록 연출한다. 이는 공간에 수직선을 만들어 최대한 길어 보이는 효과를 준다.

또한 공간이 좁고 낮다면 넓어 보이는 형태(C)로 설치한다. 이것은 커튼 봉을 천장상부의 몰딩 가까이 설치하면서 동시에 커튼 패브릭을 벽의 좌우 양쪽 끝까지 펼친다. 이때 패브릭은 일자로 쫙 펼쳐 너무 평평하지 않게 약간 주름을 주어 연출한다. 그러면 공간이 넓어 보이는 효과를 준다. 그러나 벽면 전체를 다 덮는 커튼은 원단이 두껍거나 어두운 색상이면 공간이 더 답답해질 수 있어 화이트 색상의 레이스나 얇은 원단의 커튼을 설치해 시각적으로 가벼움을 주도록 한다.

또한 작은 창의 경우, 생활할 때 청소 등 편리를 위해 실내가구와 균형이 맞지 않는 창문 처리(D)로 그냥 둘 경우가 많다. 이것은 창틀 하부에 가구를 두어 공간을 활용하기 좋다 하더라도 시각적 균형이 맞지 않다. 이런 경우에는 창문이 있는 벽에 전체적인 균형감을 줄 수 있도록 앞에 가구, 소파 테이블, 이동식 조명을 두어 창문과 시각적으로 연결선을 만든다(E). 그리고 좌우 균형감을 위해 커튼은 앞에서 설명한 천장부터 바닥까지 수직으로 설치해 시각적 균형감을 맞춘다.

꽃과 식물: 공간의 인상을 전달하다

식물, 구매 예정자를 안심하게 만든다

공간에서 정취를 만들어내는 엘리먼트 중 대표적인 것이 꽃과 식물이다. 다시 말해서, 꽃과 식물은 가장 자연스러운 아름다움을 표현하는 소재로 홈스테이징에서 공간의 생동감을 표현하는 데 좋은 장식 재료가 된다. 살아있는 꽃과 식물은 생명력을 갖고 있어 시간이 지나면서 그 형태와 크기가 변하고 분위기도 변한다. 또한 꽃과 식물은 아름다움 이외 신선한 공기와 향기를 제공해주어 실내 분위기를 연출하는 데 효과적이다.

특히 최근 인테리어는 힐링의 주제와 함께 식물에 대한 트렌드가 나타나고 꽃보다 관엽식물(잎사귀가 아름다운 관상용 식물)을 많이 사용하고 있다. 사람은 보통 초록색에 안심과 안정을 느끼게 된다. 기대와 불안으로 긴장하고 있는 구매 예정자가 집을 보고 '마음에 든다'고 생각할 수 있도록 하려면 안심하고 차분해지도록 만드는 것이 중요하다.

출처: www.expertreviews.co.uk

관엽식물의 관리가 가능하다면 생화가 좋지만, 관리가 쉽지가 않다. 최근 이케아, 모던하우스, 까사미아 등에서 생화와 비슷한 조화를 구매할 수 있으니 이를 활용한다. 특히 관엽식물을 활용해 해당 매물의 공간을 연출할 때는 식물과 전체적인 공간의 분위기에 어울리는 화분을 선택하는 것이 중요하다.

관엽식물은 잎사귀의 형태가 가지는 분위기가 있어 황토색의 토분이나 깨끗한 흰색의 도자기, 화려한 골드색의 금속화기 등 어떤 화분을 선택하는지에 따라 분위기가 많이 달라진다.

식물, 색이 중요하다

홈스테이징은 인테리어와 달리 '어떤 종류의 꽃과 식물을 고를까?' 보다 '어떤 색으로 할까?'를 고민해야 한다. 꽃은 전체 공간의 콘셉트에 맞춰 선정하고, 주로 악센트 컬러로 활용한다. 홈스테이징에서 꽃은 생화가 아니라 손질이 편하고 오래 사용할 수 있는 조화가 더 효과적이다. 그리고 공간에서 입체감을 살릴 수 있도록 주변의 쿠션이나 액자 등과 같이 조화를 이루어 배치한다.

또한 '평소 생활하기에 좀 과장된다' 싶을 정도로 꽃과 식물을 사용해 식탁이나 소파 테이블 위, 세면대 주변 등을 볼륨감 있게 장식하는 것이 좋다. 볼륨감이 있으면 공간이 좀 더 강조되어 보이며 해당 매물을 구경하러 온 구매 예정자의 인상에 오래 남는 효과가 있다. 요즘 실내공간에서 많이 활용되고 있는 나무들을 활용해 홈스테이징을 한다. 식물도 컬러처럼 트렌드가 있다. 요즘에는 고무나무, 떡갈나무, 아레카야자, 몬스테라, 보스턴고사리가 주로 활용되고 있다.

고무나무는 잎이 둥글고 광이 살짝 있어 매력적이며, 최대 3m 정도 자랄 수 있다. 잎의 색상은 짙은 초록색에 가까워 요즘과 같이 화이트가 메인인 공간에 코너 포인트로 활용할 수 있다.

떡갈나무는 잎이 크고 둥글다. 그러나 고무나무에 비해 잎에 광택이 없고, 잎의 형태가 자연스러워 편안한 느낌을 준다. 3m 넘게 자라는 경우도 있어 베란다나 거실의 한 코너에 시각적으로 포인트를 크게 줄 수 있다. 아레카야자는 잎이 가늘고 늘어져 릴렉스한 느낌을 준다. 소파 옆이나 거실 모서리에 두면 부드러움을 더 줄 수 있다. 잎의 색은 연두색에 가까워 어떤 공간에서도 튀지 않고

인테리어에 사용하는 다양한 식물들

시계방향 순으로 고무나무, 떡갈나무, 아레카야자, 몬스테라, 보스턴고사리
출처: www.elledecor.com

잘 어울리는 장점이 있다.

몬스테라는 잎의 사이즈가 30~45cm 정도로 크고, 한두 개 정도로 볼륨감을 줄 수 있다. 소파 앞의 테이블 위나 주방 싱크대 위에 장식해 싱그러움을 표현할 때 자주 사용한다. 잎의 색은 짙은 초록색이 많으며 절화해 투명한 꽃병에 꽂아서 연출하기도 한다.

보스턴고사리는 욕실과 같은 습한 공간과 부드러운 자연광이 들어오는 공간에 활용한다. 관리도 쉬워 홈스테이징에서 욕실, 거실, 서재 등에 많이 활용한다. 잎의 색은 연두색에 가깝고 잎의 수형이 옆으로 흐트러지듯 자라 공간에서 부드러운 인상을 준다. 작고 아래로 늘어지면서 자라기 때문에 어느 공간에서나 활용도가 높다. 스툴이나 가구 위, 책장 선반에 올려 장식한다.

홈스테이징에서는 생화나 식물도 사용하지만, 실내공간에서 관리하기 편한 조화식물이나 과일도 활용한다. 거실 코너에 조화를 활용해 장식하는 경우가 많은데, 모서리 부분에 가구를 두는 것보다 키가 큰 식물로 장식하면 훨씬 시각적으로 시선을 유도할 수 있고 강렬한 인상을 줄 수 있다.

키가 작은 조화식물은 사이드 테이블 위나 장식장 내부에 활용할 수 있다. 다음 사진처럼 소파 옆 사이드 테이블 위에 스탠드, 식물, 소품을 균형감 있게 배치해 연출하면 포인트 효과를 줄 수 있다.

조화식물을 활용한 거실코너와 테이블 위

출처: designallurepdx.com

인조 장식을 활용한 욕실과 테라스 공간

출처: www.improvenet.com(좌), www.younghouselove.com(우)

욕실은 습기가 많고 통풍과 햇빛이 없어 식물이 자라기에 좋지 않은 환경이다. 그래서 이때 조화를 활용해 욕실 공간의 분위기를 바꿀 수 있다. 욕실에서는 선반에 올려두는 정도의 작은 식물이나 꽃이 적당하다. 컬러를 배색할 때는 주변의 타일이나 장식장 등의 색과 어울릴 수 있도록 고려한다.

실내공간에 중점을 두고 스테이징을 하다 보면 테라스나 베란다 공간에 소홀해지기 쉽다. 테라스 공간은 욕실과 반대로 통풍과 햇빛이 많이 들어오는 경우여서 과일을 장식하는 경우 상하기 쉬워 인조 과일로 장식한다. 너무 오래 외부에 방치하면 햇빛에 의해 변색이 되기 쉬우므로 자주 교체해야 한다.

홈스테이징의 심화 테크닉

어필할 수 있는 인테리어 스타일을 찾아라

앞에서 다룬 홈스테이징의 기초 테크닉은 부동산을 상품으로 만들 때 가장 기본이 되는 것이다. 해당 매물을 부동산 상품으로서 바라보고 고객에게 매력적으로 어필할 수 있는 좀 더 심화된 테크닉에 대해 알아보자. 여기서는 고객에게 어필할 수 있는 인테리어 스타일을 찾고, 이러한 스타일을 활용해 재료 구매 전 꼭 해봐야 할 것에 대해 다룬다. 바로 돈 낭비와 제품 구매의 실패를 줄여줄 무드보드 만들기다.

인테리어 스타일, 명확한 타깃팅은 판매도 빠르다

인테리어 스타일은 타깃 고객의 생활양식과 취미, 취향을 담고 있다. 다음 그림과 같이 인테리어에서 사용하는 스타일은 가로축

이미지 스케일

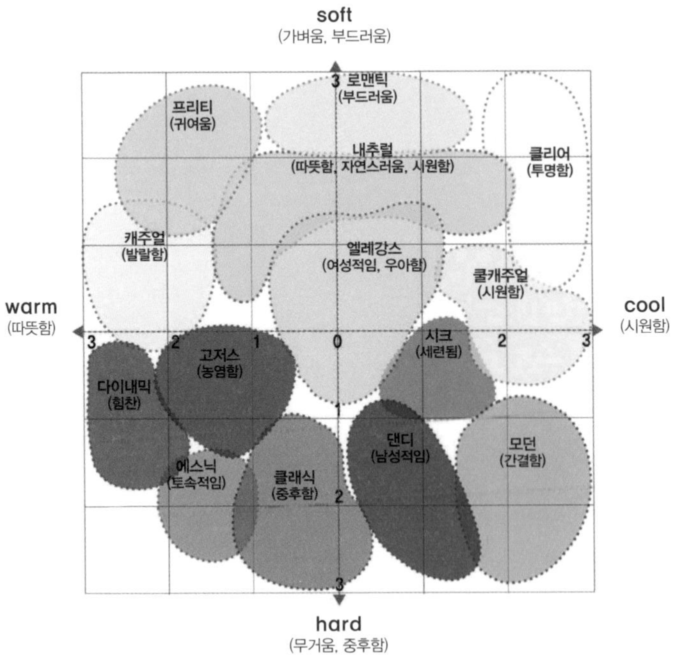

의 웜(warm)과 쿨(cool), 세로축의 소프트(soft)와 하드(hard)를 기초로 해 열네 가지 스타일이 있다. 그리고 이를 서로 혼합해 퓨전 스타일로 활용한다.

타깃 고객에 따라 조금은 달라질 수 있지만 최근 홈스테이징에서는 가로축의 쿨 쪽에 있는 클리어 스타일, 시크 스타일, 모던 스타일 등이 활용되고 있다. 그리고 이를 응용해 퓨전 스타일은 하나의 스타일을 먼저 정하고 이를 메인으로 해 다른 스타일을 악센트로 가미시킨다.

잠재 고객이나 구매 예정자의 성향에 따라 다르지만 공통적으로 느끼는 감정이나 이미지는 있다. 그중에서 20~30대 남성들이 좋아하는 댄디 스타일, 40~50대 남성과 여성층이 좋아하는 중후한 클래식 스타일, 독특하고 이국적인 휴양지 느낌의 에스닉 스타일이 있다. 이러한 스타일은 인테리어 트렌드와 상관없이 특정한 성별 또는 연령별, 지역별로 나타난다.

댄디 스타일은 영어로 '멋쟁이, 맵시꾼'을 뜻하는 'dandy'에서 유래한 것이다. 패션용어로서 자신의 옷과 액세서리에 유난히 관심을 많이 갖는 남성의 스타일에서 유래했다. 인테리어에서 댄디 스타일은 엘레강스 스타일과 반대 콘셉트로 지적이고 세련된 남성의 공간으로 사용된다.

클래식 스타일은 '고전적, 전통적, 일류의'라는 의미를 담고 있다. 인테리어에서는 유행에 좌우되지 않고 장기간 지속되는 스타일이다. 영국이나 프랑스의 앤티크 가구와 골드의 장식들과 어우

다양한 인테리어 스타일

댄디 스타일

클래식 스타일

에스닉 스타일

출처: www.pinterest.jp(좌), layjao.com(중), mydecorative.com(우)

러진 실내 스타일이다.

에스닉(ethnic) 스타일은 민족적이며, 토속적인 것으로 기독교 문화를 바탕으로 한 서유럽과 미국 이외의 문화권에서 나타난 민족 고유의 스타일이다. 특히 아프리카, 중동, 중남미 지역, 중앙아시아, 몽고 등의 스타일을 가리킨다. 에스닉 스타일은 민족의상이 가지는 독특한 색이나 소재, 수공예품 등이 있다.

무드보드, 돈 낭비와 제품 구매의 실패를 줄이는 비책이다

아직도 많은 사람이 셀프 인테리어나 홈스타일링을 할 때 가구와 소품을 자신의 머릿속 이미지만 믿고 구매한다. 막상 구매한 물건을 집안에서 이리저리 옮겨보고, 곁눈질로 이리저리 살펴보지만 왠지 집안 분위기와 어울리지 않는 경험을 하게 된다.

그러나 제품 구매의 실패를 줄이면서 동시에 돈 낭비를 막을 수 있는 방법은 '무드보드(mood board)'를 만드는 것이다. 무드보드는 분위기를 나타내는 보드로, 거실이나 침실 등 꾸미려고 하는 그 공간에 대한 바닥재, 벽재, 천장재, 가구, 소품, 식물 등이 한 번에 종합적으로 보여질 때 느껴지는 분위기를 말한다. 다른 용어로 '이미지 콜라주(image collage)'라고 한다.

무드보드를 왜 만들어야 할까? 사람의 눈은 양옆으로 최대 210도밖에 볼 수 없다. 즉 사람은 실내에서 4면의 공간을 동시에 다 볼 수가 없다. 4면을 회전하거나 이리저리 돌아다니면서 각각의 면들을 머릿속에서 종합적으로 상상을 해야 한다. 이러한 불편함을 한

내추럴 스타일의 무드보드

꺼번에 해결해주는 것이 바로 무드보드다. 초보자가 무드보드를 잘 만드는 것은 쉽지 않지만 핀터레스트, 구글 이미지를 통해 잘 되어 있는 것들을 보고 따라해보면 익숙해질 수 있다.

위 사진은 앞에서 다룬 인테리어 스타일에서 내추럴 스타일을 이미지 콜라주를 한 것이다. 내추럴 스타일은 2000년대에 들어서면서 꾸준히 인기를 끌고 있어 메가트렌드이기도 하다. 최근에는 실내공간에 내추럴 스타일을 더욱 적극적으로 활용한 플랜테리어(plant+interior)까지 등장했다. 메가트렌드인 식물을 테마로 한 홈스테이징은 좋아하는 타깃층이 넓어 더 많은 고객을 확보할 수 있다.

고도의 감각과 센스가 필요한 무드보드를 만드는 것은 그 방법과 순서를 알면 어렵지 않다. 먼저, 재료를 선정한다. 해당 매물 공간의 이미지에 맞는 재료를 구글 이미지 검색을 통해 찾는다. 그리

무드보드 재료

고 면적이 넓은 바닥, 벽, 천장의 재료를 선정하고, 그다음 면적이 작은 악센트 역할을 하는 가구와 소품의 재료를 선정한다.

그다음 가상의 수평 기준선을 만든다. 수평 기준선은 전체 무드보드의 절반 정도가 된다. 경우에 따라 아래서부터 전체 높이의 3분의 1까지가 될 수도 있다.

면적과 크기를 고려해 배치한다. 선정된 재료 중 전체적으로 면적이 넓은 바닥재, 벽재, 천장재를 수평 기준선에 맞춰 먼저 배치한다. 그 위에 부피가 큰 가구를 배치한다. 이때 소파와 테이블을 무게 중심에 맞추어 배치를 한다. 그다음 공간의 분위기 요소라 할 수 있는 소품들인 관엽 식물과 액자, 바구니를 배치한다. 소품들을 배치

무드보드 만드는 순서

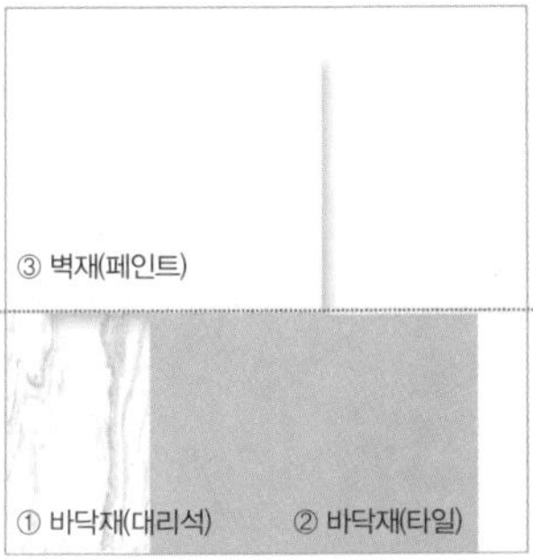

(1) 바닥재/벽재 배치

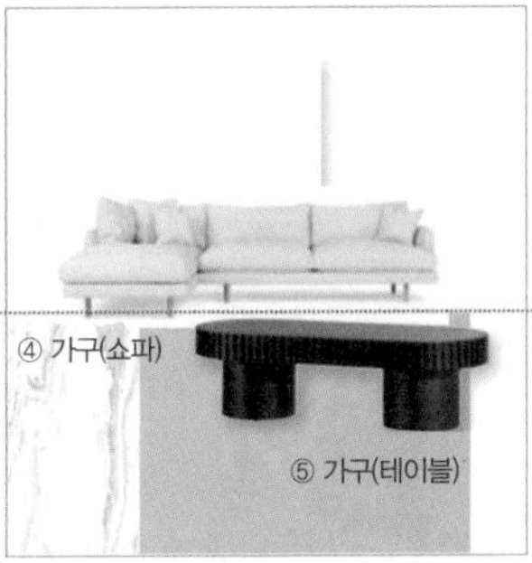

(2) 가구 배치

(3) 소품 배치

(4) 완성하기

할 때도 항상 부피가 커 덩어리감이 있는 것을 제일 먼저 배치한다.

마지막으로 완성한 것을 중심으로 전체적인 배치를 한 번 더 살펴본다. 이때는 가상의 수평 기준선을 중심으로 위, 아래의 무게감과 가상의 수직선을 기준으로 좌우의 무게감을 고려해 살펴본다.

이러한 무드보드를 연습해볼 수 있는 무료 사이트는 많이 있다. 그중 '스타일소스북닷컴(stylesourcebook.com.au)'은 다양한 사례가 있어서 연습해보기 편리하다.

공간 조닝

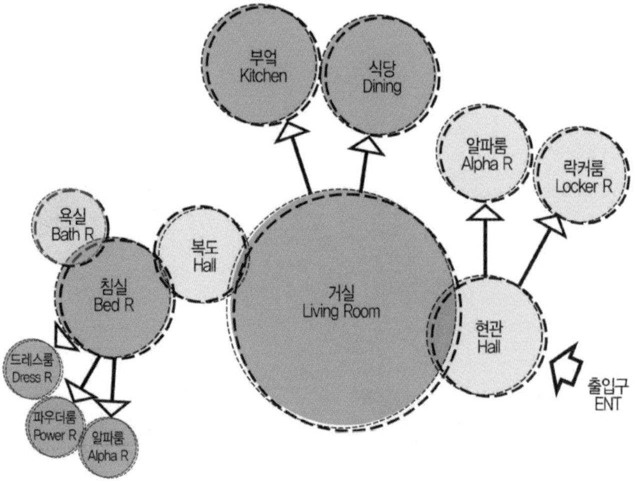

공간의 흐름을 만들어야 고객이 오래 머문다

공간과 조닝, 좌우대칭을 늘 생각한다

홈스테이징에서 가구를 옮기거나 공간을 재배치할 때 조닝과 동선이 먼저 고려되어야 한다. 조닝(zoning)은 공간을 용도별로 나누어 배치하는 것이다. 성격이 같거나 유사한 것끼리 공간에 영역을 만드는 것이다.

예를 들어 집을 들어왔을 때 공용 영역과 개인 영역을 나눌 수 있다. 거실과 부엌은 공용 영역, 침실과 욕실은 개인 영역이다.

동선 계획

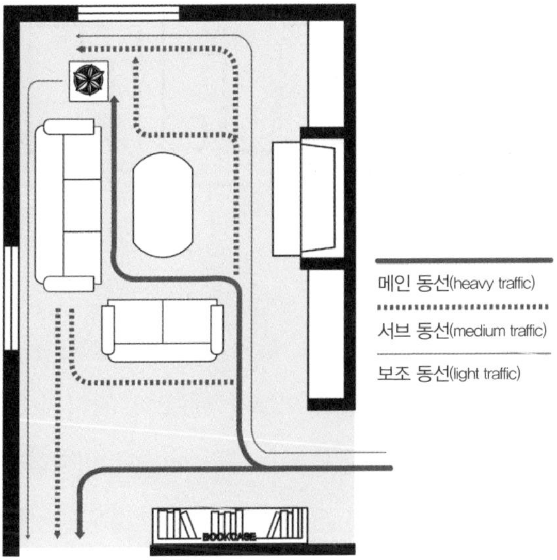

동선, 흐름을 생각한다

조닝을 할 때 동선(flow, 흐름)도 함께 고려해야 한다. 동선은 공간에서 사람이 움직이는 선이다. 동선을 어떻게 계획했는지에 따라 공간을 편리하게 또는 불편하게 이용할 수도 있다.

동선은 공간에서 가장 많이 이용하는 메인 동선(heavy traffic, 주동선), 중간 정도 이용하는 서브 동선(medium traffic), 가볍게 이용하는 보조 동선(light traffic)이 있다. 고객이 해당 매물을 보러 와서 안내를 할 때는 홈스테이징을 거친 집을 보여주게 된다. 이때 몇 가지 동선 패턴이 있다. 그것은 터널형, 교차형, 트리형 동선이다.

첫째, 터널형 동선은 현관에서 일직선으로 들어오는 경우다. 이

동선의 종류

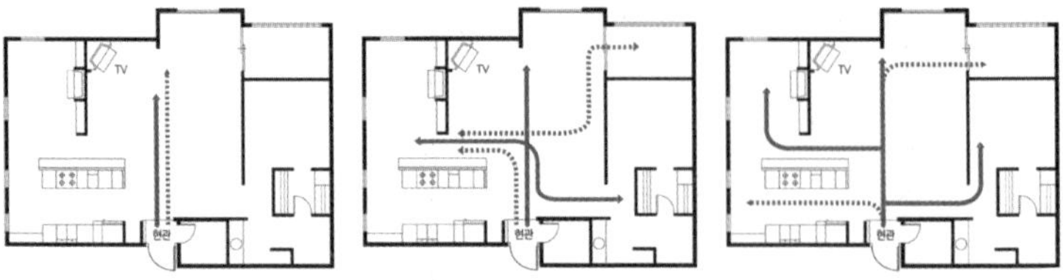

터널형 동선 교차형 동선 트리형 동선

러한 경우, 고객이 해당 매물로 들어오는 데 걸리는 시간이 얼마 되지 않아 전체적으로 집을 돌아보는 데 오래 걸리지 않는다. 즉 고객이 이 공간에 오래 머물지 않는다는 것이다. 이러한 터널형 동선은 머릿속에 이미 공간에 대한 인식이 있는 경우로, 생활하고 있는 판매자에게는 유리할 수 있으나 홈스테이징에서는 적합하지 않아 바꿔야 한다.

둘째, 교차형 동선은 현관에서 거실로, 한쪽 방에서 다른 방으로 교차해서 지나가는 경우다. 이러한 경우, 고객이 여기저기 공간을 둘러보지만 동선이 서로 교차해 두서없이 보게 되고 해당 매물을 보고 난 이후 기억에 남는 것도 별로 없게 된다. 이런 교차형 동선은 제일 피해야 할 배치다.

셋째, 트리형 동선은 주 동선과 부차적 동선을 구분하고 먼저 주 동선으로 흐름을 준다. 그리고 부차적 동선으로 고객이 이동할 수 있도록 한다. 예를 들어 위 그림에서는 현관으로 들어온 고객을 거실까지 동선을 이끌게 하고, 이후 좌측의 공간을 보고 주방 공간을

구조에 따른 가구 배치

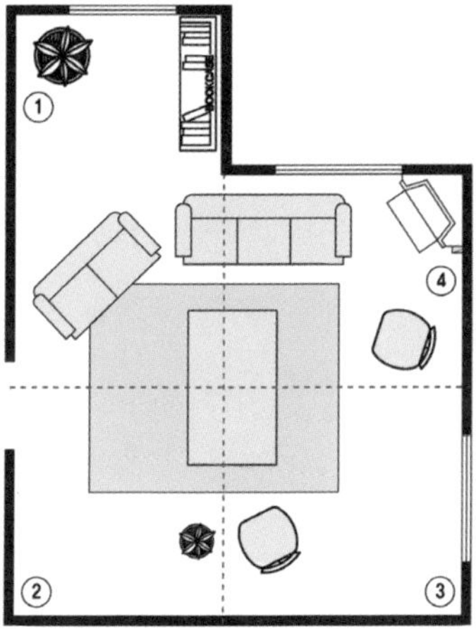

비대칭 구조

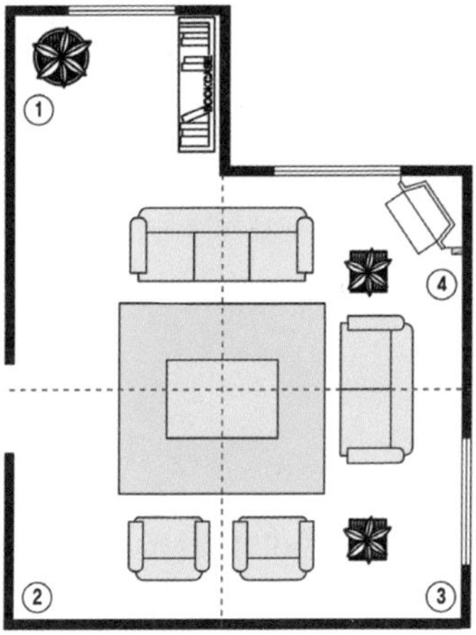

대칭 구조

돌아 나오게 한다. 이렇게 먼저 고객이 움직일 동선에 대해 주 동선과 부차적 동선으로 위계를 준다. 고객은 그 공간에 대해 더 오래 기억하게 되고, 이것은 이후에 매매로 쉽게 유도될 수 있다.

가구 배치, 비례를 생각한다

가구 배치를 할 때 비례와 균형, 좌우대칭 구조를 생각하는 것이 좋다. 좌우대칭을 의식해 만들어진 공간은 고객에게 안정감을 주고, 공간이 더 정돈되어 깔끔한 인상을 주게 된다.

비대칭 구조의 가구 배치는 공간에 있어 산만함을 준다. 또한 동선도 길어 사람이 움직이는 데 많은 에너지를 쏟게 된다. 그러나 비대칭 구조의 가구 배치는 자유분방한 캐주얼한 느낌을 줄 수 있어 공간의 콘셉트에 따라 일부 연출하는 경우도 있다. 그러나 홈스테이징에서는 대부분 대칭 구조로 가구 배치를 한다.

대칭 구조로 가구 배치를 할 때는 가상의 수평, 수직 기준선을 만든다. 다음 그림의 경우 3인용 소파와 맞은편의 1인용 소파 두 개는 서로 시각적으로 대칭적인 무게감을 주어 균형을 이룬다. 이렇게 대칭 구조로 가구 배치를 하면 고객이 짧은 순간 공간을 둘러볼 때 공간이 정리되어 넓어 보이는 인상을 주게 된다.

매각 전, 준비와 확인을 한다

홈스테이싱은 해당 매물 공간의 장점이 잘 느껴지도록 보이게 하는 것이 중요하다. 포컬 포인트를 의식하면서 안내한다. 각 공간을 안내할 때 중요한 것은 고객이 흥미를 느낄 수 있는 장소, 고객의 꿈이 이루어질 수 있는 장소, 고객의 문제가 해결되는 장소로 보이도록 안내를 한다. 이때 무엇을 준비해야 할까? 고객이 해당 매물을 구경하러 왔을 때 몇 가지 내용을 확인해 두자.

첫째, 낮에 해당 매물을 보여주는 경우, 커튼과 블라인드는 전부 열어둔다. 최대한 채광이 잘되는 것을 보여줘야 한다. 그리고 복도나 모퉁이는 빛이 덜 들어와 어두운 곳이 많아 조명을 켜둔다.

둘째, 화장실의 경우 변기의 뚜껑이 덮여있는지 확인한다. 화장실의 경우 변기 뚜껑이 열려있으면 좋지 않은 냄새가 올라오는 경우도 있고, 미관상 보기에 좋지 않다. 반드시 닫아두어야 한다.

셋째, 전망이 좋다면, 발코니를 확인한다. 발코니로 나가기 편하도록 신발을 준비한다. 또한 쓸데없는 물건들이 놓여있는 경우 전부 치우도록 한다. 특히 화분이 너무 많은 경우 일부를 치우거나 시들어진 경우 버리도록 한다.

홈스테이징의 공간별 콘셉트

거실, 화사한 공간을 연출하다

홈스테이징을 거친 물건을 보여주는 것은 판매 방법의 일부다. 미국의 '2021년 홈스테이징 보고서'에 따르면 홈스테이징 효과의 중요성은 거실, 안방, 부엌, 다이닝룸 순으로 나타났지만, 일본의 경우에는 다이닝룸, 현관, 부엌, 욕실 순으로 나타났다. 나라마다 약간의 차이는 있지만, 구입을 생각하는 고객이 집을 둘러볼 때 홈스테이징을 위한 장소로는 대표적으로 거실, 다이닝룸, 부엌, 욕실, 침실, 발코니에 대해 다룬다.

거실은 생활의 중심이며 단란하고 편안한 장소여야 한다. 거실에서는 앉기, 눕기 등 다양한 자세를 취하기 때문에 가구를 재배치하거나 인테리어 소품으로 연출을 할 때 동선과 시선 방향 등을 함께 고려해야 한다.

거실에서의 생활 자세

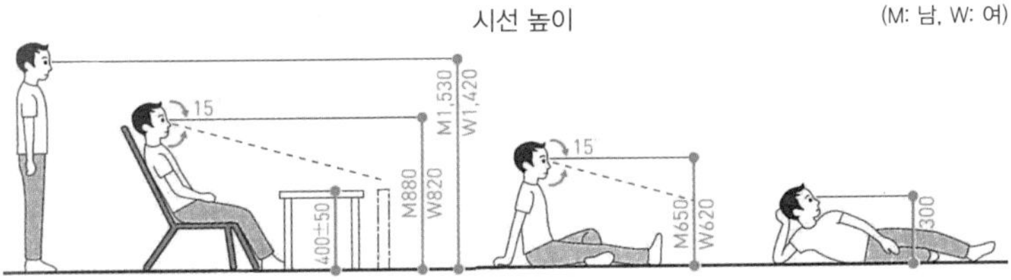

출처: 《インテリアコーディネーター合格テキスト》, 2019

또한 거실은 대개 구매자의 가족이 공동으로 머무는 장소이므로 밝고 화사한 분위기로 만드는 것이 좋다. 앞에서 언급하였듯이 거실의 포컬 포인트는 벽면에 있다. 벽면에는 TV나 장식장 또는 포인트용 액자가 놓일 수도 있다. 또는 미술품으로 장식을 할 수도 있다. 가격이 저렴한 액자도 어떻게 연출하는지에 따라 분위기가 많이 바뀔 수 있으니 활용해보길 추천한다.

대부분의 사람들은 그림이나 사진을 너무 높이 거는 경향이 있다. 서로 어울리게 그림을 거는 방법을 아는 사람이 매우 드물다. 이럴 때는 미술관이나 박물관에서 활용하는 방식으로 집에서도 그림을 걸면 매우 효과적이고, 깔끔하며, 정돈된 느낌이 든다.

다음 페이지에 나와 있듯이 하나의 그림을 벽면에 거는 경우, 평균적인 눈높이를 기준으로 바닥에서 대략 1.5m 지점에 그림을 건다. 이러한 높이가 바로 그림의 중심이 위치하는 곳이고, 벽면의 포컬 포인트가 된다.

또한 여러 개의 그림 액자를 모자이크 형식으로 하는 경우, 가

미술품의 벽면 배치법

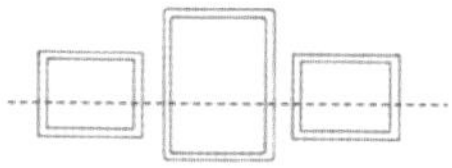

좌우대칭 구조

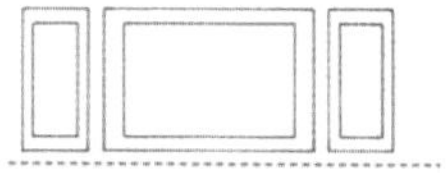

수평 구조

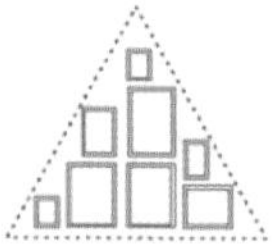

삼각형 구조(그루핑)

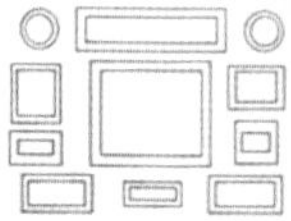

사각형 구조(그루핑)

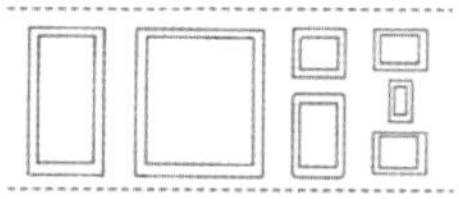

수평 구조(그루핑)

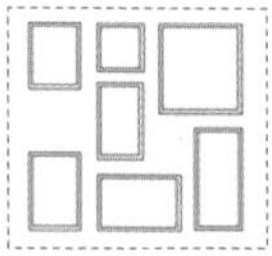

사각형 구조(대칭)

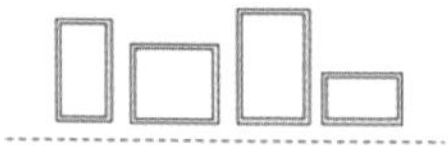

수평 구조(밑줄 맞춤)

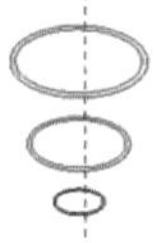

수직 구조(중앙선 맞춤)

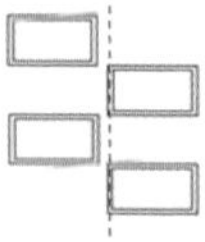

수직 구조(좌우 번갈아 배열)

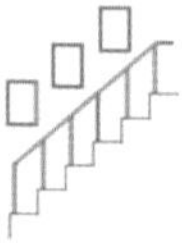

대각선 구조(계단경사선 맞춤)

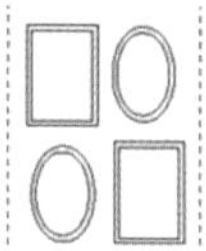

2줄 수직 구조(양쪽 맞춤)

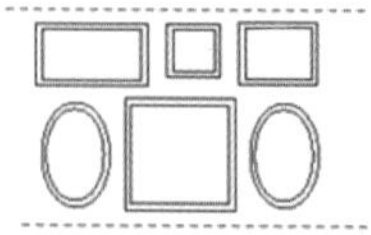

2줄 수평 구조(위아래선 맞춤)

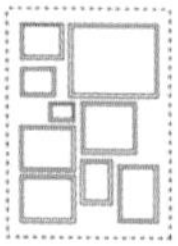

사각형 구조

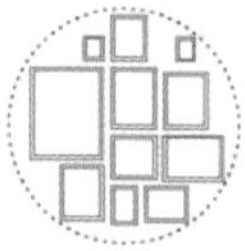

원형 구조

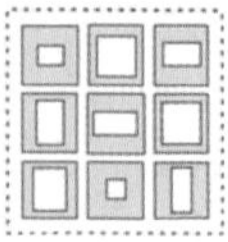

사각형 구조(더블 레이어)

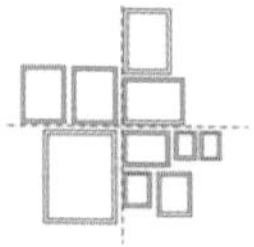

교차형 구조(직교선)

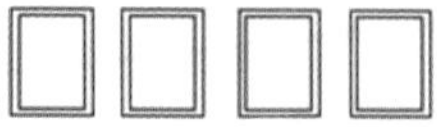

수평 구조(동일 사이즈)

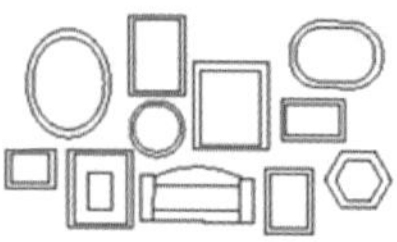

모자이크형(그루핑)

미술품 벽면 배치 시 포컬 포인트 위치

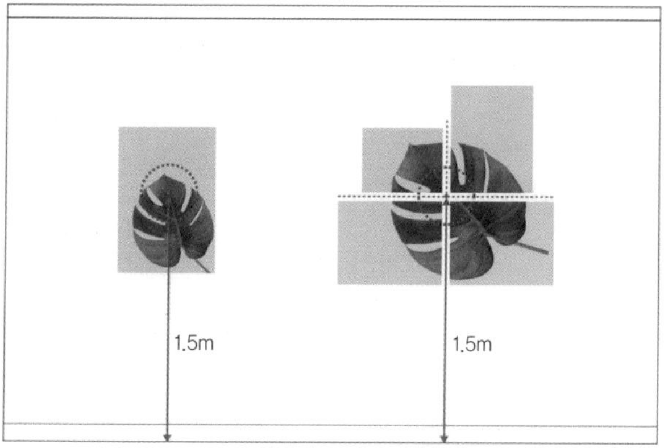

상의 직교선을 그어 그 중심에 포컬 포인트가 오도록 한다. 이때 각각 별개의 그림보다 날개가 모여 전체를 이루듯이 모자이크 패턴으로 만든다. 이러한 가로·세로선의 교차선이 만나는 직교선을 따라 네 개의 그림이 하나의 그림처럼 보이는 착시효과를 줄 수 있다. 거실의 벽면이 넓은 경우 작은 그림들을 모자이크 형식으로 처리하면 산만함을 줄일 수 있고, 포인트 효과를 줄 수 있다.

거실의 포컬 포인트 벽면이 정리되면, 그다음으로 거실의 소파 앞에 놓여진 소파 테이블도 그냥 비워두지 말자. 개성이 없으면 어떤 고객이 오더라도 매물을 보고 매력적이라고 느끼지 않을 것이다. 소파 주변의 센터 테이블과 사이드 테이블 위를 정리하고 잡지나 책 두세 권과 멋진 꽃병을 이용해 소품을 놓아둔다. 홀수로 하는 것이 시각적으로 안정감이 있다.

거실의 가구 배치와 연출 전(위)과 후(아래)

출처: CHSSP

부동산 중개인의 부동산 매물 정보지에는 각 방의 한 각도만 표시할 수 있어서 어느 각도에서 찍어야 잘 나올 수 있을지 고민을 하고 연출을 한다. 위 이미지 중 상단에 있는 사진은 매력적인 모습을 전혀 보여주지 않고 있다. 그러나 하단 사진은 이 공간에서 무엇을 할지 상상이 가고 화목한 가정의 분위기를 느낄 수 있게끔 연출되었다. 사진도 각도를 소파의 뒷모습을 보여주는 것이 아닌 소파와 소파 앞의 테이블을 같이 하나의 앵글에 나오도록 사진을 촬영한다.

내놓는 매물이 공실인 경우에는 가구나 소품이 전부 다 빠져 텅 비어 있는 상태가 많다. 임장활동을 가면 대부분 텅 비어 있어 하

거실의 코너 연출

출처: CHSSP

얀 벽이나 허전한 인상을 주는 경우가 많다. 이런 경우 미술품을 활용해 다양하게 포인트를 준다.

앞에서 언급한 것처럼 비어 있는 공간은 분위기를 더하는 것이다. 벽면에 분위기를 만들 때는 쉬운 방법으로 벽의 코너에 플로어 스탠드나 식물을 활용한다. 플로어 스탠드를 두면 공간에 포컬 포인트가 되면서 벽의 코너가 밝아져 분위기가 훨씬 살아난다. 또한 식물을 활용하는 경우, 식물이 주는 편안함과 싱그러움이 거실 공간에 포인트 역할을 하게 된다.

또한 공간에서 초점은 필수적이다. 초점을 정하면 거기에 어울릴 만한 대형그림이나 거울, 콘솔 테이블 등 가구와 소품을 사용해 만든다. 가구 중 소파는 부피가 커서 공간을 많이 차지하므로 반드시 사전에 가구 배치, 동선 등을 계획해야 한다. 소파는 성인 남성이 혼자 옮기기에도 굉장히 무겁다. 그래서 소파 같은 경우는 사전에 충분히 고려를 해야 하는 것이다. 또한 소파 테이블이 공간에 맞지 않아 고객이 걸어 다니는 데 불편함을 주는 일도 있으니 이 부분도 가구 배치 시 같이 고려해야 한다. 게다가 문이나 창문, 출입구를 가구로 막으면 안 된다.

이렇게 소파와 테이블 등 거실에 포인트를 줄 수 있는 가구의 배치가 끝나면, 방에 맞지 않는 가구는 물품보관소에 맡긴다. 만약 소파가 더러운 경우는 전문적인 청소업체에 의뢰하거나 새로운 커버로 덮어 그 위에 쿠션으로 연출을 한다. 거실의 홈스테이징 포인트는 다음과 같다.

- 실내공간에서 벽, 바닥, 천장이 전체 색의 베이스가 되지만, 거실·다이닝룸·부엌 혼합형(LDK)에서는 다 오픈된 공간이어서 다음으로 큰 면적을 차지하는 문의 재질과 도어(출입구, 통풍구, 창문 등)가 베이스가 된다. 또한 소품을 선택할 때는 강조색을 두 가지 이하의 색으로 선택해야 한다.
- 가능하면 천장 직부등이 아닌 여러 조명을 사용한다. 플로어 스탠드, 테이블 램프, 팬던트를 사용하는 것도 좋은 방법이다.
- 식물은 가구와 문의 컬러 톤에 맞춘다. 잎의 색이 진한 것, 모양이 날렵한 것, 내추럴하고 부드러운 잎 등 인테리어에 따라 바꿀 수 있다.
- 거실에 책장이 있는 경우, 잡지를 활용한다. 이때 잡지는 표

지가 깨끗하고 내용보다 겉보기 상태가 좋은 것을 골라 연출한다. 이때 대중적인 잡지는 피하는 것이 좋다.

다이닝룸, 즐거운 식사 장면으로 연출하다

다이닝룸(dinning room)은 테이블 위를 그냥 두는 것보다 엘리먼트를 장식하면 분위기가 고조된다. 예를 들어, 고가의 아파트에서는 디너파티를 하 듯 연출 하는 것이 좋다. 이것은 구매 예정자가 구매 이후의 삶을 상상할 수 있도록 하는 것으로 '이 매물을 통해

다이닝룸의 연출 전(위)과 후(아래)

출처: CHSSP

식탁 주변에 필요한 공간 치수

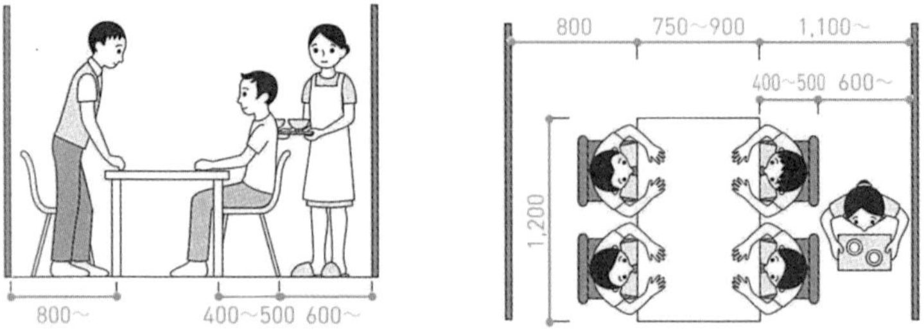

출처: 《インテリアコーディネーター合格テキスト》, 2019

좀 더 나은 삶을 살겠지' 하고 생각하도록 하는 것이다. 또한 가족 단위로 타깃을 정한 경우라면 아침식사나 점심식사 분위기를 연출하는 경우가 많다.

앞 페이지 사진은 펜트하우스의 구매 예정자를 타깃으로 설정하고 화려한 디너파티를 연상하게 하는 인테리어 소품으로 연출을 한 것이다. 당신이라면 어디에 더 매력적으로 눈길이 끌리겠는가? 당연히 덩그러니 비워둔 식탁보다 타깃을 선정해 그에 맞는 식사 장면을 연출한 것이 더 매력적일 것이다.

다이닝룸은 최대한 넓게 보이게 하는 것이 포인트다. 식탁 테이블 자체가 보기에 좋다면 식탁보를 빼고 테이블을 보여주는 것도 좋다. 의자는 방의 크기를 확인해 네 개 또는 여섯 개로 충분하다. 그 이상의 의자는 치우고 방을 넓게 보이게 해야 한다. 주변의 여유 치수를 고려해 식탁을 배치한다. 또한 거실과 마찬가지로 자질구레한 물건들은 최대한 제거해 가급적 넓어 보이게 해야 한다. 식탁 주변을 연출한다면 심플한 소품으로 두세 개 정도만 장식한다. 다이닝룸의 스테이징 포인트에는 네 가지가 있다.

- 다이닝 테이블의 세팅은 아침인지 저녁인지 정해서 장면을 연출한다. 부엌도 식탁테이블과 마찬가지로 같이 연출한다.
- 테이블 코디를 해놓는 것이 보기 좋긴 하지만, 과하게 할 필요는 없다. 인테리어 디자인이 아니라 어디까지나 홈스테이징이다.
- 넓은 다이닝룸의 경우, 공간이 넓은 것을 강조해 큰 테이블을 둔다. 그리고 식탁 위에는 펜던트 조명이 항상 불이 켜지도록 한다.
- 입구에 서서 다이닝룸이 넓어 보이는지 확인한다.

부엌, 요리하는 분위기로 연출하다

부엌은 청결 상태가 매우 중요하다. 가능한 한 표면이 깨끗해야 한다. 그리고 매물을 내놓는 경우, 생활감을 없애기 위해 매일 사용하지 않는 물건은 치워야 한다. 냉장고에 붙어있는 자석이나 벽걸이용 식기행거도 치워야 한다. 그리고 가능한 한 많은 작업 공간을 만들고, 토스터기와 주전자 등의 주방기기만 남겨두고 치운다.

다음 그림은 부엌의 배치다. 동선과 주방의 배치를 고려해서 공간의 레이아웃을 계획하면 된다. 특히 카운터식 부엌은 바 체어를

부엌의 배치

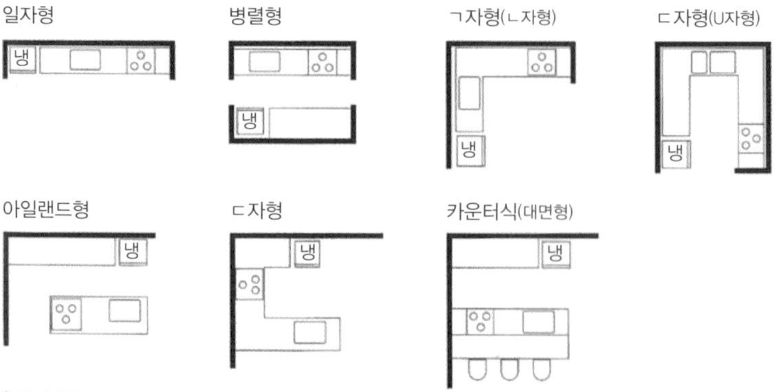

* 냉: 냉장고

출처: 《インテリアコーディネーター合格テキスト》, 2019

부엌 연출 전(좌)과 후(우)

출처: CHSSP

같이 두는 경우도 많아 별도의 테이블 스타일링이 필요하기도 하다.

부엌의 공간을 확보하기 위해서는 늘 사용하는 최소한의 물건만 남기고 그 외 물건은 다 치우고, 조리공간을 깨끗하게 만든다. 대부분의 가정에서는 작은 가전제품이나 물건을 밖에 꺼내어 놓는 경우가 굉장히 많다. 이런 경우 정리수납을 이용해 최대한 보이지 않게 수납해둔다. 또한 창가에 있는 소품들은 치우고, 작은 식물이나 필요한 소품 세 개까지 정도만 남겨둔다. 부엌의 스테이징 포인트는 다음과 같다.

- 무조건 깨끗해야 한다.
- 오래된 부엌은 심플하고 새로운 도구로 바꾸고 마이너스 요소를 최대한 커버한다.
- 소품을 세팅할 때는 식재료나 요리에 필요한 소도구를 연출하면, 현실적이고 호감도가 상승한다.
- 파스타나 나무로 된 샐러드 볼, 요리책과 책꽂이 등으로 연출한다. 구매 타깃이 가족 단위일 때는 아침식사 시 샐러드를 만드는 분위기, 타깃이 1인 가구일 경우 지인들과 칵테일 파티를 시작하려고 하는 이미지를 연출하는 경우가 좋다.

욕실, 개인용품을 놓지 않는다

매물을 보러 가면 거실과 부엌 다음으로 많이 보는 것이 욕실이다. 사실 오래된 욕실은 철거하는 것이 비용도 많이 들어 판매자의 입장에서 욕실 리모델링 공사를 해야 할지 말아야 할지 난감한 경우가 많다. 이런 경우 간단한 방법으로도 해결할 수 있다.

다음 사진처럼 오래된 욕조는 아직 사용할 수 있으나 올드한 느낌이 든다. 이때 욕조의 코너나 빈 벽을 활용해 욕실 콘셉트에 맞

욕실 연출 전(위)과 후(아래)

출처: CHSSP

는 힐링 느낌이 나는 싱그러운 조화식물과 장식용 수건을 두어 마치 호텔에 온 듯한 느낌을 주도록 한다. 집에 이런 분위기를 준다는 것은 다소 불편할 수도 있으나 좀 더 가격을 올려서 팔거나 빨리 매물을 나가게 하는 데 좋은 방법이 될 수 있다.

또한 세면대 주변이나 선반 위에 언제든지 손을 뻗어 쉽게 잡을 수 있는 치약, 칫솔, 비누, 샴푸 등 많은 물건을 올려두는 경우가 있다. 심지어 변기 뒤 배수통에도 올려두는 경우가 있다. 그러나 매물로 내놓겠다고 생각을 한 순간부터 세면대 주변은 말끔히 정리해야 한다.

이렇게 말끔하게 청소와 정리가 된 세면대 주변에는 위 사진처럼 공간의 분위기에 어울리는 비누와 장식용 조화꽃으로 연출을 한다. 특히 욕실 문을 열면 보이는 벽은 메인 포인트 벽이므로, 세면대를 기준선으로 해 눈을 위아래로 훑어보고, 그 주변을 모두 정리해야 한다.

침실, 호텔 같은 분위기로 연출하다

침실은 취침이 이루어지면서도 사적이고, 독립성이 강한 공간이다. 그래서 프라이버시가 확보되어야 할 곳이다. 침실을 홈스테이징할 때 소음이 많은 곳과 동선이 교차하는 장소가 있다면 피하는 것이 좋고 공간의 재배치를 해야 하는 경우도 있다.

주택에서 침실은 수, 크기, 상태에 따라 가격에 큰 영향을 줄 수

침실 연출 전

출처: CHSSP

침실 연출 후

출처: CHSSP

있어 침실도 홈스테이징을 해야 한다. 고객은 개방적이고 환기가 잘되며 차분한 분위기의 침실에 감동한다. 반면에 답답할 정도로 많은 양의 가구나 넘칠 듯한 짐들이 가득한 곳은 싫어한다. 거주자가 있는 매물의 경우, 매물을 내놓기로 한 순간부터 개인적인 침실이라도 물건은 과감히 치워야 한다. 널브러진 침대 위의 옷들은 매물의 가치를 떨어뜨린다.

이런 경우 제일 먼저, 정리정돈과 청소를 하고 말끔하게 정리된 빈 공간의 침실에서부터 시작한다. 위의 사진처럼 침대가 공간에 비해 너무 커 침실이 작아 보인다면 과감히 침대를 바꿀 필요가 있다. 이때 침대는 가구 렌털을 통해 팔리는 기간 동안 임대를 할 수도 있다. 침대 뒷벽을 포컬 포인트로 해, 침대를 중앙에 두고 침대 양옆으로 협탁과 테이블 스탠드를 두어 무드를 잡아준다. 그리고 침대 헤드 위쪽이 포컬 포인트이므로 공간의 전체적인 비례에 맞지 않는 거울을 제거하고 안정감을 줄 수 있는 액자로 연출을 한다. 침실의 홈스테이징 포인트에는 세 가지가 있다.

- 침대 커버는 베개, 이불, 시트 세 개가 세트로 되어있으면 훨씬 더 보기 좋아진다. 커튼의 색과 잘 어울리게 매치한다면 금상첨화다. 침실에서는 벽, 바닥, 천장 다음으로 가장 큰 면적을 차지하는 것이 침대 커버다. 침대 커버의 색상에 주의를 기울여야 한다.
- 조명은 최대한 노란색 전등을 사용한다. 흰색의 주백색 등은 작업 공간에 어울리는 것으로 침실처럼 편안하게 쉬어야 할 공간에는 적합하지 않다. 침실은 안락함을 느낄 수 있도록 보여주는 것이 제일 중요하다.
- 침실은 안락함을 주는 것이 제일 중요하기 때문에 가구는 기본적으로 침대와 협탁(나이트 테이블)만 있으면 충분하다. 과할 필요가 없다.

발코니·테라스, 잊지 말고 연출한다

눈앞에 펼쳐지는 조망이 좋은 매물이라면 조망을 최대한 장점으로 끌어내야 한다. 이때 활용하면 좋은 것이 바로 발코니다. 발코니를 통해 외부로 나갈 수 있는 매물인 경우 고객은 밖으로 나가 구경을 하게 된다. 이때 눈앞에 공원의 녹음이 우거지거나 조망이

발코니 연출 전(좌)과 후(우)

출처: CHSSP

좋은 경우에는 발코니도 포컬 포인트가 될 수 있다.

참고로 많은 사람이 테라스, 베란다, 발코니의 차이점을 잘 모른다. 테라스(Terrace)는 라틴어 'Terra(땅을 의미한다)'에서 나온 말로 땅에 붙어 있는 1층의 확장된 바닥면을 말하다. 베란다(Veranda)는 아랫집의 지붕바닥면을 말한다. 주택에서 위층의 주거공간이 아래층보다 면적이 작을 경우에 생기는 공간이다. 발코니(Balcony)는 2층 이상의 주택에서 바닥면적이 수평으로 외부로 확장된 바닥면을 말한다.

거주자가 있는 매물의 경우 고객이 집을 구경할 때 발코니로 나가는 것을 고려해 발코니를 정리하고 청소를 해야 한다. 조망이 좋은 곳이거나 날씨가 좋은 날에는 발코니로 나가 주변의 경관을 볼 수 있다. 전망이 좋은 뷰를 가지고 있지만 좀 더 감동을 주려면 '발코니(또는 테라스)에서 티타임을 가질 수 있겠구나' 하고 상상할 수 있게 해보자. 아무것도 손을 대지 않은 발코니는 그저 회사 옥상 같은 무미건조한 느낌만 준다.

조망이 별로 좋지 않거나 발코니로 나갈 가능성이 적은 경우에는 물건이 놓여있어도 문제는 없지만, 말끔히 청소하는 편이 좋다. 혹시라도 신문지나 쓰레기가 쌓여있다면 제거하고 정리를 해야 한다. 단독주택의 경우, 마당이 있는 경우가 많다. 이런 경우 마당의 인상도 중요한 포컬 포인트가 된다. 잡초가 있는 경우 이를 제거하고 무너진 화단 담장은 정리하는 것도 좋다.

에필로그

홈스테이징, 상승장에도 하락장에도 뜬다

이제 부동산도 고객을 맞이할 때가 되었다

부동산 시장은 크게 매매와 임대로 구분한다. 그중 이 책은 주로 부동산 매매의 관점에서 소비자에게 매력적으로 보이기 위해 상품으로서의 집을 어떻게 부각시킬 것인지 다루었다. 그러나 이 책은 임대인, 임차인 가릴 것 없이 모두에게 도움이 된다.

실제 내가 경험했던 일화를 소개하면, 서울의 유명한 법학과 교수님께서 "현재 집을 전세로 살고 있는데, 다른 집으로 이사를 가고 싶지만 매물을 내놓아도 안 나가 집주인으로부터 보증금을 돌려받지 못하고 있다"고 하였다. 법을 전공한 교수님이지만 전세 기간이 끝나 이사를 가고 싶어도 집이 거래되지 않고, 집주인이 보증금을 돌려주지 않아서 어떻게 할 방법이 없다고 하소연하였다.

나는 그 교수님에게 집 거래를 성사시키기 위해 얼마나 노력했는지 물어보았다. "전혀 노력한 바가 없다"고 했다. 상품으로서 가치 있어 보이기 위해 전혀 노력하지 않았다. 언제까지 매물을 부동산 시장에 민낯으로 내놓을 것인가? 이젠 부동산도 상품화시키는 노력이 필요한 시대가 되었다.

내 부동산 매물에 맞는 고객을 발굴하자

대한민국의 인구는 점점 줄어들고 있다. 누군가는 일본과 똑같이 닮아가지 않을 것이라고 말하지만, 내가 실제 일본에서 경험한 것을 토대로 생각해보면 점점 닮아가고 있는 것 같다. 인구가 점점 줄어들면서 빈집이 늘어나는 건 심각한 문제다. 지금의 대한민국 부동산 시장은 마치 전 국토가 활활 타오르는 불덩이 같다. 하지만 앞으로 3년에서 5년 이후면 부동산 공급은 늘어나고 초과공급이 되어 빈집에 대한 문제는 더욱 심각해질 것이다. 그러면 어딘가에는 고객이 찾아오지 않는 부동산 매물이 늘어날 것이다.

또한 부동산 중 주택, 아파트, 상가빌딩은 한 번 건설되면 수명주기가 40~50년이다. 다른 재화와 달리 사용 연한이 매우 길다. 그래서 신축한 이후 건물이 쇠퇴해서 철거되기까지 다양한 고객을 맞이하는 구성이 되어야 한다. 즉, 건물의 지속적인 수익과 유지관리를 위해서 내 스스로 새로운 고객을 발굴하고 맞이할 준비를 해야 한다.

1주택자든 다주택자든 거주하지 않는 집을 보유하고 있다면 어떻게 해야 할까? 매매든 임대든 상품으로서 내놓아야 한다. 상품으로서 내놓을 때는 앞에서 언급한 바와 같이 기획 단계부터 철저하게 고객 관점에서 분석해야 한다.

홈스테이저, 시각적 연출 기법(visual merchandising)를 활용하자

'홈스테이징'이라는 용어가 한국에 도입된 지 많은 시간이 흘렀다. 그러나 아직까지도 홈스테이징을 인테리어와 같은 것으로 생각하는 사람들이 많다. 홈스테이징은 인테리어도 아니고 정리정돈도 아니다. 홈스테이징은 인테리어와 정리정돈 등과 연계되어 부동산을 상품으로서 잘 팔릴 수 있도록 돕는 역할을 한다. 그래서 홈스테이징을 하는 사람을 '홈스테이저'라고 부른다. 나는 미국에서 처음 등장한 홈스테이저가 한국에서 이상하게 사용되고 있는 것에 의구심을 가지게 되었다. 그래서 '내가 직접 홈스테이저를 알아봐야겠다'고 생각하던 중 일본에서 몇 년 전 도입되어 성장하고 있는 것을 알게 되었다. 그리고 나는 뒤도 돌아보지 않고 '일단 가보자'라고 생각했다. '현지에 가서 내가 직접 물어보고 내 눈으로 직접 봐야겠다'고 마음먹었다.

나는 일본으로 떠나기 전 한국에서 이전에 작업했던 인테리어 코디네이션, VMD, 플라워 공간연출 등 다양한 작업 포트폴리오를 아이패드에 담았다. 그리고 나는 '한국을 대표하는 홈스테이징을 만들자'라는 큰 포부를 가지고 일본으로 갔다.

일본에 도착하자마자 들었던 말은 한국에서 홈스테이징을 배우러 온 사람이 내가 처음이라는 것이었다. 그래서 나는 일본 홈스테이징 협회와 향후 국제적 업무를 협력해나가기 위해 내가 준비해 온 포트폴리오를 협회 관계자분들 앞에서 프레젠테이션을 했다. 그 이후 나는 한국으로 돌아와 홈스테이징에 대한 올바른 인식 확산을 위해 대학 강연과 세미나를 지속적으로 하고 있다.

끝으로 이 책과 인연이 닿은 독자들에게 부동산 상승장에도 하락장에도 작은 도움을 줄 수 있기를 바란다.

장미정

부록

새롭게 뜨는 직업, 홈스테이저

2014년 고용노동부는 신직업 육성 차원에서 새로운 아이디어를 더해 창업이 가능한 직업으로 홈스테이저를 세시하였다. 한국에서 홈스테이저는 아직 인식 확산 시기에 있지만 일본에서는 홈스테이저가 도입되고 이후 5년 정도의 인식 개도기를 거쳐 이제는 홈스테이징을 도입하는 기업들이 늘어나고 있다. 이에 더해 부동산 중개업과 임대업에서 발 빠르게 도입하고 있다.

홈스테이저는 미국을 거쳐 유럽, 호주 등 여러 나라로 확장되어 현재 아시아에서 일본을 거쳐 한국에까지 도입되었다. 더 이상 거부할 수 없는 시대적 흐름이 되었다. 대중적인 직업이 되는 것은 시간의 문제일 뿐이다. 그렇다면, 앞으로 떠오를 홈스테이저는 어떻게 활용해야 할까? 크게 거시적 관점과 미시적 관점으로 활용할 수 있다.

산업 간 융합의 거시적 관점

2020년부터 코로나19 시대를 살아가면서 이제는 비대면이 익숙해지고, 가상공간 생활이 더 근접해왔다. 그중 메타버스(metaverse, 확장형 가상현실)는 기존의 가상현실(VR)에서 체험과 몰입감을 더 부각시킨 기술이 되었다. 아직 매출도 발생하지 않은 메타버스 관련 주식이 연일 상한가에 있다. 왜 이들은 메타버스에 열광할까? 가상현실에 대해 거부할 수 없는 미래가 다가오고 있기 때문이다.

이때 홈스테이저는 메타버스 내에서 가상부동산 매매연출가로서의 역할을 기대할 수 있다. 아래의 사진은 메타버스 내에 설치된

토요타의 가상주택 전시장

토요타 홈 가상주택 전시장

신상품 LQ 시리즈 3 돔 모델하우스

모델하우스의 실내 모습

출처: https://internet.watch.impress.co.jp

토요타의 가상주택 전시장이다.

주택메이커 토요타 홈 주식회사는 도쿄를 재현한 메타버스 'Meet-me'에 가상주택 전시장을 오픈하였다. 이는 토요타 자동차가 'Meet-me'에서 운영하고 있는 토요타 메타폴리스의 일부이다. 토요타는 메타버스를 통해 실제로 건축하기에 제약이 있는 전시장을 보완하고, 기존 영업 채널과 다른 잠재적 고객층 발굴을 노린 것이다. 오프라인이 아니라 이제는 가상주택 전시 공간에서 고객을 맞이하고, 고객의 아바타는 가상공간으로 들어가 주택의 공간 배치나 설비를 볼 수 있다.

여기서 홈스테이저는 가상부동산 매매연출가로서 문과 바닥 색상, 주방시설 코디를 변경하고 분위기를 만드는 일을 한다. 홈스테이저가 연출한 가상공간에서 고객에 맞게 설정된 아바타는 실제 고객의 관점에서 집 안을 돌아다니거나 소파에 앉는 등 공간을 체험할 수 있다.

메타버스 안에서의 홈스테이저 역할은 기업의 비용 절감에 가장 큰 장점이 된다. 실제 주택전시장에서 실행되는 건축 비용은 1동당 7천만 원에서 1억 정도 든 것에 비해 가상에서는 1동당 1,500만 원 정도다. 기업 입장에서는 더욱 IT를 접목한 메타버스로의 확장이 기대된다. 여기에 분위기를 만드는 홈스테이저의 역할을 기대할 수 있다.

산업 내 융합의 미시적 관점

코로나19로 재택근무가 활성화되면서 집은 휴식을 위한 역할에서 사무실, 학교의 역할로 확장되고 있다. 이에 부동산 매매 및 임대차 시 재택업무나 수업에 맞는 가구 선택에서부터 공간연출까지 토털 디자인이 요구된다. 여기서 홈스테이저는 지역의 가구 유통업 및 실내건축업과 연계하여 부동산을 상품으로 연출하는 부동산 유통 전문가로서의 역할을 할 수 있다.

홈스테이저의 두 가지 유형

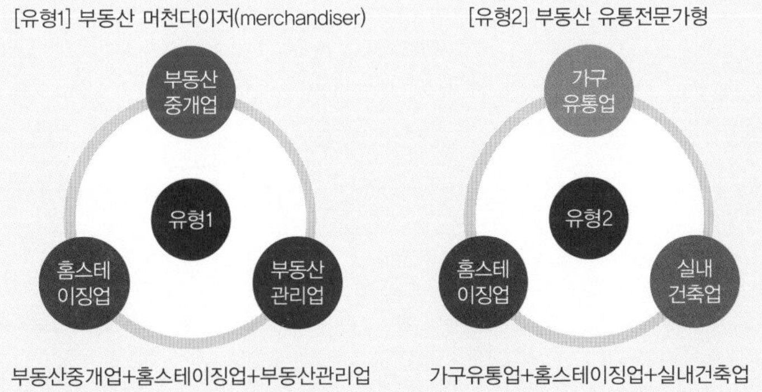

또한 현재 국내 부동산서비스산업은 임대+관리 등 새로운 수요가 증가하고 있지만 창업 등을 위한 지원이 부족하고 해외 시장 진출 등 신시장 개척이 미흡한 편이다. 이에 홈스테이저는 아래의 그림처럼 세부적으로 산업 내에서 두 가지 유형으로 활용될 수 있다.

첫째, 부동산중개업+홈스테이징업+부동산관리업의 융합 형태다. 이는 부동산 매매 및 임대차 시 전월세 수요자를 위한 중개 이전의 홈스테이징이다. 이때 홈스테이저는 부동산을 상품으로서 잘 팔릴 수 있도록 부동산 머천다이저(merchandiser)로서의 역할을 한다.

둘째, 가구유통업+홈스테이징업+실내건축업의 융합 형태다. 중개 이전의 리모델링을 위한 실내건축업, 가구유통업과 연계하여 중개 이후의 지역부동산 매물 유통관리자로서의 역할을 할 수 있다.

참고문헌

• 福田ひろひで,《売り場づくりの法則84》, 同文館出版, 2009

• 清家愛美, 小寺秀樹, 牛迫敬太,《実践「ホームステージング」が売買仲介を変える》, にじゅういち出版, 2015

• 一般社団法人日本ホームステージング協会,《ホームステージング》, 講談社エディトリアル, 2015

• 内堀 繁生,《インテリアと空間演出の基礎知識》, 鹿島出版会, 2011